Jérome BUGEME CHIRABA

Sociologia da Gestão

Análise e Reflexão

ScienciaScripts

Cover image: www.ingimage.com

This book is a translation from the original published under ISBN 978-620-3-44988-4.

Publisher:
Sciencia Scripts
is a trademark of
Dodo Books Indian Ocean Ltd. and OmniScriptum S.R.L publishing group

120 High Road, East Finchley, London, N2 9ED, United Kingdom
Str. Armeneasca 28/1, office 1, Chisinau MD-2012, Republic of Moldova, Europe

ISBN: 978-620-5-69583-8

PREFÁCIO

Sinto-me muito honrado por prefaciar pela terceira vez **este vigésimo-primeiro livro do Sr. BUGEME CHIRABA Jerome**, Professor Universitário, que até agora tem demonstrado tanto competências científicas como um espírito de investigação muito avançado. A gestão é herdeira das ciências de gestão. Uma procura compreender a vida dos homens na sociedade, a outra participa na sua implementação nas organizações de trabalho. Apesar deste denominador comum, é raro que os dois termos trabalhem bem em conjunto. Os dois termos têm sido minados antecipadamente pela atmosfera ideologicamente carregada dos tempos, e tendem a estar em desacordo um com o outro. Este livro ajudará a limpar o campo! **A sociologia liga inextricavelmente** o indivíduo e os indivíduos à sociedade que os ultrapassa e aos subconjuntos que contém (a empresa é um deles). Estes diferentes elementos retroagem, os efeitos que produzem uns sobre os outros são circulares. A complexidade e a incerteza devem ser aceites simultaneamente.

A palavra gestão, por sua vez, deriva da palavra latina "ménagement", que está relacionada com a palavra "ménager". Em meados do século XV, significava: "conduzir, dispor, regular (algo) com cuidado, medida, prudência, manusear, dirigir, administrar, etc.". Inflado por várias contribuições, veio a conter os seguintes significados: gerir, organizar, sem excesso, com moderação, bens e indivíduos, administrá-los, viver com eles, aproveitando-se deles, com circunspecção.

Este livro explica como a sociologia procura compreender a natureza da relação entre o(s) homem(s) e a sociedade, e como a gestão visa regulamentá-la. Esta junção encorajaria **Antes, a primeira é utilizada para facilitar o exercício da segunda. De facto, este exercício é por essência perigoso; para poupar enquanto se aproveita... Mas um elemento de dimensão separa-os, o relatório com a incerteza. A sociologia não pretende deter a Verdade.**

A sociologia da gestão deve melhorar a situação existente e, quando o caso surgir, resolver situações de conflito. Procura compreender o que pode impedir a eficiência no trabalho ou produzir desconforto. Mas a honestidade intelectual exige que recusemos sistematicamente "soluções" prontas, produzidas sem ter em conta os contextos organizacionais que, uma vez implementadas, reproduzem ou deslocam os problemas em vez de os resolverem.

As realidades, que são diferentes de cada vez, devem, portanto, ser finamente descritas. Não se trata de encaixar a realidade em ferramentas de solução, mas de produzir métodos, reflexões e ferramentas adaptadas às realidades. Isto requer ter em conta a complexidade do mundo do trabalho e aceitar navegar na incerteza. Para aqueles que planeiam propor a resolução, melhoria e desenvolvimento de problemas, é portanto necessário admitir que as relações complexas que ligam as pessoas ao trabalho requerem uma metodologia de abordagem rigorosa adaptada a cada contexto para serem compreendidas. A qualidade da intervenção do sociólogo nas empresas depende da sua capacidade de combinar rigor e modéstia. Caros leitores, recomendo-vos que leiam este livro sem moderação, tranquilizando-vos que se trata de uma riqueza científica que o Professor BUGEME CHIRABA Jerome legou à grande família, amante da ciência.

NIKIANA MAZAMBA Célestin

Professor Universitário

CAPÍTULO I. ANÁLISE DOS PROBLEMAS SOCIAIS

A representação sociológica dos problemas sociais centrada na existência de um mosaico de grupos de pessoas não conformes, em risco, perigosos ou em perigo deixa pouco espaço para a análise das transformações societais, transversais e vinculativas quando se trata de pensar no que "coloca um problema" hoje em dia.Além disso, transmite a percepção de que certas desvantagens, diferenças e comportamentos são exclusivos de certas categorias ou grupos de pessoas e, consequentemente, que a psicologia, a psiquiatria, a psico-educação, o trabalho social clínico ou a criminologia são as disciplinas apropriadas para compreender, gerir e abordar os problemas sociais.O questionamento deste ponto de vista baseado na população, substancialista, psicologizante e, por vezes, francamente folclórico, reabre o debate sobre as ligações entre a socialidade comum e os problemas sociais, que, na nossa opinião, deve ser actualizado. Este capítulo visa participar neste debate propondo algumas pistas gerais para repensar os problemas sociais de acordo com as recentes transformações da sociedade.

I.1. Introdução

Em qualquer sociedade existe uma grande variedade de reacções que visam certos fenómenos, práticas, comportamentos, atitudes que "constituem um problema". Por vezes, estas são reacções culturais mais ou menos informais, tais como desconforto, incómodo, rejeição, desaprovação ou mesmo condenação directa de certos desvios em relação a um universo cultural, axiológico ou normativo que aprendemos e incorporamos através de diferentes mecanismos de socialização (família, escola, pares, etc.). Por vezes, estas são estratégias de intervenção ponderadas e desenvolvidas cuidadosamente no âmbito de campos disciplinares especializados, tais como Estas respostas culturais e estratégias de intervenção são uma forma concreta de identificar "o bem comum" no contexto das ciências sociais e das humanidades. Quer a questão seja cultura ou ciência, norma ou técnica, valores ou a busca política legítima do bem comum, estas respostas culturais e estratégias de intervenção são uma forma concreta de identificar "o que não gosta", "o que não funciona" ou "o que não é tolerado" numa sociedade. Numa palavra, são uma forma de designar social e culturalmente "o que é problemático" num determinado momento de uma dada sociedade. Os fenómenos não conformes considerados problemáticos e, por conseguinte, os indivíduos e grupos que os encarnam estão, por assim dizer, distribuídos em torno da normatividade social que decorre do estabelecimento de limiares de tolerância (graus, gradações e distâncias) e, em certas situações, de descontinuidades reais (diferentes naturezas psicológicas, rupturas sociais francas, etc.). Qualquer sociedade define então o que será para ela um universo de falhas, defeitos, insuficiências, insuficiências, desajustes, desvios, mesmo contra-figuras, segundo os quais, de acordo com os contextos e os tempos, são desenhados, designados e construídos problemas sociais que se trata de regular, controlar, enquadrar, resolver ou reprimir.A persistência da representação sociológica que se refere à existência de um mosaico de grupos de pessoas não conformes que encarnam problemas sociais (desde fumadores de marijuana a psicopatas e crianças hiperactivas) é um dos principais obstáculos à reflexão sobre os problemas sociais nos dias de hoje. De acordo com esta representação clássica, estes grupos, cuja existência ainda está por provar, são vistos como relativamente autónomos e intrinsecamente coerentes e não como um conjunto de indivíduos enraizados em graus variáveis na mesma socialidade "ordinária" que os indivíduos "não problemáticos". Esta representação, que é generalizada na sociologia e bem estabelecida no quadro das políticas de intervenção social pública, é inspirada por uma certa leitura "populacional" dos autores da segunda geração da Escola de Chicago, cujos objectivos originais eram tanto o reconhecimento da diferença legítima como a luta contra a estigmatização de grupos, indivíduos e comportamentos apanhados nas engrenagens odiosas da arbitrariedade cultural, relações de poder desequilibradas e coerção normativa.Esta representação, que por vezes serviu efectivamente muitas reivindicações de grupos marginalizados particulares e a operacionalização de políticas públicas, é hoje duplamente insatisfatória por duas razões: 1) deixa pouco espaço para a análise das transformações sociais, transversais e de ligação quando se trata de pensar no que "coloca um problema" hoje em dia, e 2) transmite a percepção de que certas desvantagens, diferenças e comportamentos são prerrogativas de certas categorias ou grupos de pessoas. Estas duas barreiras epistemológicas levam à percepção de que a psicologia, a psiquiatria, a psico-educação, o trabalho social clínico ou a criminologia são as disciplinas apropriadas para compreender, gerir e abordar os problemas sociais.

I.2. A saúde social impossível

Embora seja verdade que o repertório dos chamados problemas sociais mudou historicamente, continua a mudar e continuará a mudar, os critérios subjacentes à definição de um problema social, ou de um fenómeno "problemático não-conforme", raramente são explicitados nas análises. Por vezes a questão nem sequer é levantada: não será óbvio que fenómenos tão diversos como a toxicodependência, o abandono escolar, a depressão ou a privação de alojamento são problemas sociais que precisam de ser abordados? Não é óbvio que os toxicodependentes, as prostitutas e os sem-abrigo são pessoas problemáticas?Émile Durkheim já assinalou esta tendência para definir o normal pela identificação prática, mesmo espontânea, do que aparece "naturalmente" como patológico ou anormal e que deve ser de alguma forma "naturalmente" procurar corrigir. Foi talvez o primeiro a examinar o ponto de vista mobilizado pela "maioria normal" a fim de distinguir o que é feito sem recorrer às características intrínsecas dos comportamentos sociais ou populações específicas (ou indivíduos) que possam parecer "normais" ou "patológicos". São "naturalmente" problemáticos. A única característica comum a todas as transgressões sociais é que são reprovadas pela maioria dos membros de uma dada sociedade, ou seja, pela maioria "saudável ou normal" da população, nas palavras de Émile Durkheim. A noção de O termo "membro" é cardinal neste tipo de análise, porque se refere não a todos os indivíduos mas àqueles que foram "correctamente" socializados, em particular por terem passado com sucesso a fase primordial da socialização primária.De acordo com o argumento clássico de Ralph Linton, não se nasce membro de uma sociedade, torna-se membro durante o processo de socialização primária onde se forja a "personalidade básica" na qual as múltiplas "personalidades de estatuto" subsequentes (configuração de respostas culturais ligadas a um estatuto) devem ser enxertadas para florescer, certamente individualmente, mas também socialmente na medida em que estão ancoradas numa base colectiva que constitui tanto o "fundamento cultural da personalidade" como o cimento da sociedade encarnado nos indivíduos concretos. A personalidade básica contribui assim menos para a evolução da normatividade social do que para a manutenção da estabilidade e a reprodução da ordem social. A massa dos membros da sociedade, de certa forma os famosos "conformistas" de Robert King Merton, dá-lhe aquilo a que se poderia chamar a sua "velocidade de cruzeiro normativa", ou seja, a reprodução mais ou menos fluida dos comportamentos médios que permitem o funcionamento ordinário e previsível da sociedade.Embora seja verdade que através do processo de "aculturação" o imigrante ou estrangeiro pode aprender a agir e a pensar numa nova cultura, parece difícil, segundo Ralph Linton, aprender a "sentir" de acordo com ela. Por esta razão, o estrangeiro no sentido lato do termo (imigrante, diferente, desviante, marginal, etc.) nunca será um verdadeiro membro da sociedade, porque carrega uma falha constitutiva na sua "personalidade básica" que se pode reflectir de muitas maneiras na sua ligação com a cultura (ignorância, indiferença, distância, enfraquecimento, desintegração, contestação, transgressão, etc.). Peter Berger e Thomas Luckmann (2006) também nos recordam a importância deste processo que determina "elementos estáveis para todas as culturas" através dos quais um indivíduo abstracto se torna um "membro efectivo" da sociedade na "posse subjectiva tanto de um eu como de um mundo". Também nos lembram que a socialização primária pode falhar em muitos graus e por muitas razões (heterogeneidade de "outros significativos", mediações inadequadas, interferência educacional precoce, etc.). Por exemplo, aquilo a que os autores chamam os mundos feminino e masculino transmitidos pelo pai e pela mãe pode A identidade social do rapaz pode ser "transmitida" como distinta, ou certos elementos do mundo feminino podem "constituir inadequadamente" o mundo do rapaz. Se este último se identificar com os "caracteres impróprios", haverá uma assimetria entre a identidade social atribuída como rapaz e a sua verdadeira identidade subjectiva:

híbrida, feminina, homossexual, transsexual, etc. Não é insignificante recordar que, neste caso, o mecanismo de "correcção" evocado pelos autores é a terapia individual. As tão citadas palavras de Emile Durkheim, "não se deve dizer que um acto ofende a consciência comum porque é criminoso, mas que é criminoso porque ofende a consciência comum" (Durkheim, 1973, p. 48), recordam-nos a importância dos "membros efectivos" de uma sociedade que a encarnam de forma concreta, quotidiana e ordinária na tarefa de definir os problemas sociais. No entanto, esta ideia não se resume à presunção simplista de que o crime ou a loucura não existem e que são fenómenos construídos, como poderia ser o caso numa perspectiva puramente construtivista ou reaccionista, segundo a qual a reacção ou a sociedade constrói o crime, o desvio, etc, mas permite uma melhor compreensão das dinâmicas da socialidade comum que permitem 1) que certos comportamentos sejam considerados como socialmente problemáticos num momento e deixem de o ser noutro, e 2) que certos grupos (e indivíduos) não sejam considerados como membros de pleno direito da sociedade devido a defeitos supostamente inatos ou adquiridos. Estes últimos são atribuídos a defeitos, especialmente primários, de socialização e resultam frequentemente na estabilização de certas características psicológicas que explicam, pelo menos para a "maioria saudável e normal da população", a sua condição problemática "natural".Outro aspecto complementar do clássico interrogatório de Durkheimian sobre a questão da transgressão social é o aparente paradoxo da normalidade sociológica dos fenómenos patológicos. Émile Durkheim considera que "se há um facto cujo carácter patológico parece indiscutível, é o crime" (Durkheim, 1973, p. 65); observa, ao mesmo tempo, que o crime está presente em todas as sociedades porque "não há sociedade em que o crime não exista". Muda de forma, os actos que são tão qualificados não são os mesmos em todo o lado; mas em todo o lado e sempre houve homens que se comportaram de forma a atrair sobre eles a repressão penal" (Ibidem, p. 65). A existência do crime - cujo carácter patológico parece incontestável do ponto de vista da reacção social - constitui assim um fenómeno social normal.Émile Durkheim introduz contudo uma nuance de grau: se a presença do "crime", no sentido lato do termo, ou seja, transgressão, desvio, marginalidade, etc., é um fenómeno social normal, permanece assim apenas dentro de certos limites. De facto, se a taxa de suicídio, crime ou outros comportamentos sociais que "ofendem" as normas sociais flutua significativamente, aumentando ou diminuindo, é sem dúvida uma indicação de que já não estamos a lidar com um facto de sociologia normal. A variação dos índices de crimes e suicídios, bem como os de conflitos sociais, assinala então a presença de deficiências no funcionamento das normas sociais, demasiado frouxas ou demasiado rígidas, uma vez que estas já não conseguem orientar eficazmente certos comportamentos sociais de acordo com as escalas normativas médias do que é desejável, admissível, mesmo tolerável. O espectro da anomia, deduzido analiticamente pelo sociólogo ou decretado pelo moralista ou pelo político, anuncia neste sentido a possível presença de uma patologia social que deve ser tida em conta pelos poderes públicos e, no caso das sociedades ocidentais, estudada pelas ciências.Mas a presença do crime, ou da transgressão social em sentido lato, é em si mesma, mais uma vez segundo Émile Durkheim, não só um fenómeno de sociologia normal, mas também um "factor de saúde pública, parte integrante de qualquer sociedade saudável" (Durkheim, 1973, p. 66). Neste sentido, o aumento da taxa de certos comportamentos sociais pode referir-se não a uma deficiência dos mecanismos de regulação social, mas sim à sua transformação socialmente "salutar", porque por vezes o crime "é apenas uma antecipação da moralidade vindoura" (Ibidem, p. 66). Basta pensar na homossexualidade, criminalizada no início e patologizada depois, ou ainda na não tão distante proibição do divórcio, suposto enfraquecer os próprios fundamentos da ordem social. Hoje discutimos, por exemplo, a desvalorização psiquiátrica da personalidade narcisista devido à sua generalização, ou mesmo a sua possível utilidade social no contexto actual de valorização crescente da dimensão da auto-estima para se colocar como indivíduo digno desse nome numa sociedade de individualismo de massas.se a sociologia nos ensinou alguma coisa, é que não há sociedade sem conflitos, infelicidade e sofrimento, tal como não há sociedade sem drogas, crime ou desvio. O contrário é simplesmente um disparate sociológico, ou seja, uma variedade, recorrente, das utopias sociais, religiosas ou científicas exigentes que muitas vezes resultaram em verdadeiros pesadelos encarnados pelos campos de reeducação socialistas (o novo homem), os moralismos religiosos (o homem exemplar) e a normalização técnica das diferenças (o homem conformador). A velha ideia médica que concebe a saúde como "silêncio na vida dos órgãos" resiste a ser eclipsada por duas razões convergentes: 1) o poder renovado da dinâmica da medicalização, farmaceuticalização e sanidade do social (Abraham, 2010; Rose, 2007; Nye, 2003) e 2) a persistente desfocagem, até mesmo permutabilidade, entre as noções de agência e organização ao analisar a não-conformidade social. Esta velha ideia de "saúde social" é frequentemente encontrada quando se invoca a integração social, coesão social, reabilitação social, inclusão social na literatura sobre problemas sociais. Não estamos longe de uma espécie de "silêncio social" que poderia ser descrito, no espírito da velha fórmula de René Leriche, como a "adaptação dos indivíduos na vida das instituições". Uma sociedade "socialmente saudável" seria aquela em que os indivíduos são verdadeiros membros, definidos por um limiar adequado de adaptação adquirido através de uma socialização ou ressocialização adequada e eficaz. Contudo, a actual discussão sociológica sobre a utilidade heurística da ideia de ordem social, integração social, coesão social e sistema social não foi suficientemente seguida por uma renovação da forma de conceber o que é hoje "problemático" na vida social (Tahon, 2011; Dubet, 2009; Martuccelli, 2005).se parece haver um consenso em torno dos factos que cada sociedade "pressupõe e até exige regulamentos" (Canguilhem, 1955, p. 72) e que os papéis e posições sociais enquadram largamente a vida social, a discussão sobre a natureza e função da primeira, ou sobre a correspondência entre as posições sociais e as acções dos actores, tem sido e continua a ser objecto de debates intermináveis.na maioria das vezes, as diferentes formas de regulação são concebidas como Esta concepção clássica de regulação como um conjunto de mecanismos mais ou menos "naturais" que podem proporcionar uma coordenação interna ao funcionamento de um grupo de pessoas é um bom exemplo da importância da regulação. Esta concepção clássica de regulação como sendo um conjunto de mecanismos mais ou menos "naturais", susceptíveis de proporcionar uma coordenação interna no funcionamento de um conjunto complexo, parece adaptar-se bem a muitas análises das sociedades ocidentais contemporâneas onde a regulação social, relativa à organização e auto-regulação, se funde com a do organismo.Esta proximidade entre as noções de organização social e de organismo (biológico, cibernético, funcional, etc.) que continua a investir a reflexão sociológica, contribui para transmitir uma concepção do social mais próxima de um todo homeostático, harmonioso e consensual ou, pelo menos, para a procura da harmonia ou da harmonia do social.Esta proximidade entre as noções de organização social e de organismo (biológico, cibernético, funcional, etc.).), que continua a investir na reflexão sociológica, contribui para transmitir uma concepção do social mais próxima de um todo homeostático, harmonioso e consensual, ou, pelo menos, em busca da harmonia ou do equilíbrio, do que de um espaço incansavelmente arado por conflitos, desequilíbrios e tensões permanentes dentro do qual, como Georges Canguilhem bem assinalou, "a regulação é sempre [...] superadicionada e sempre precária" (Canguilhem, 1955, p. 72). Desta forma, sublinhou também uma das diferenças essenciais entre uma ordem orgânica (organismo) e uma ordem social (organização), que deve ser recordada: no organismo, a ordem (saúde) é mais fácil de apreender do que a desordem (doença), enquanto na organização social, a desordem (o que é problemático) parece mais óbvia do que a ordem (o modelo de sociedade desejado).Esta inversão dos "dons" fundamentais das ordens biológicas e sociais, cujas consequências sociológicas ainda não foram totalmente tiradas, é ainda mais relevante para recordar hoje em dia, uma vez que a ideia de sociedade não parece ser o instrumento analítico mais adequado (Martuccelli, 2005 e 2011; Dubet, 2009) para compreender "o que é problemático" da vida social. Então, como agora, a ideia de sociedade, a sociedade dos membros, devemos dizer, continua a ser invocada para justificar a necessidade normativa "visceralmente" de intervir a fim de contrariar as "ameaças" colocadas pelo conflito, desvio, marginalidade, etc. a uma coesão social, ou mesmo a uma ordem social, que parece ser mais um postulado dos pais fundadores da sociologia preocupados com os efeitos incertos da "desordem" primordial da modernidade que uma realidade empiricamente verificável.

I.3. A necessidade normativa "visceralmente" de intervir

Que função desempenha o processo de identificação, definição e sanção de certos comportamentos e práticas considerados num dado momento como criminosos, desviantes, marginais ou patológicos, que parecem fazer parte de qualquer organização social? Segundo Émile Durkheim, a sanção social, nas suas múltiplas gradações e formas, não se destina a reformar os códigos morais dos indivíduos que cometem actos condenáveis ou criminalizados (populações problemáticas), nem se destina a dissuadir populações consideradas particularmente predispostas a transgredir as regras sociais (grupos de risco). Nas palavras de Émile Durkheim, "a punição destina-se sobretudo às pessoas honestas, uma vez que serve para curar as feridas feitas aos sentimentos colectivos" (Durkheim, 1973, p. 77). Assim, as representações sociais desta maioria normal que designamos como pessoas honestas, são confirmadas e tranquilizadas através dos múltiplos rituais de condenação, sanção ou constituição em patologia operando continuamente sobre as numerosas formas de transgressão das normas partilhadas pelos membros de uma sociedade.Numa época em que as políticas sociais procuram preencher as lacunas da sociedade identificando, gerindo, tratando, monitorizando, e mesmo encarregando-se dos chamados grupos problemáticos ou indivíduos em risco de o serem, esta hipótese clássica pode parecer ultrapassada. Quer concordemos ou não com ela, só podemos constatar a impossibilidade sociológica de não ter em conta as coordenadas gerais da socialidade ordinária, em vez de uma sociedade com um S capital a proteger e tranquilizar, quando se trata de compreender o universo dos problemas sociais. Com efeito, a necessidade normativa "visceralmente" de intervir, ou seja, esta convicção, mesmo esta injunção quase natural de "devemos agir" sobre fenómenos tão diversos como a toxicodependência, o abandono escolar, a prostituição ou os sem-abrigo, continua a ser o principal critério de apreensão dos problemas sociais cujas raízes residem mais nas características gerais da socialidade ordinária do que nas características dos indivíduos ou grupos intrinsecamente problemáticos.Esta injunção é "visceralmente" normativa porque só parcialmente responde às racionalizações científicas que, pelo menos no Ocidente, devem orientar e por vezes justificar a implementação desta ou daquela estratégia de intervenção social para agir sobre o que são definidos como problemas sociais. [e]Se é verdade que Émile Durkheim deduziu uma vez uma anomia da análise científica das flutuações da taxa de suicídio, isto é dificilmente inteligível sem ter em conta as preocupações mais amplas sobre a importância económica da população no século XIX, para a qual perder alguns dos seus membros está longe de ser apenas um problema moral (transgressão de certas normas) ou político (desobediência a leis que criminalizam o suicídio).De facto, a população já não é um agregado de sujeitos legais que transgridem um contrato ao cometerem suicídio, mas uma população activa sujeita a regularidades impessoais tais como mortalidade, fertilidade, empregabilidade, saúde, etc, cuja

regulamentação é indispensável para a criação de riqueza. Sendo a força de trabalho a fonte criativa de valor, o enfraquecimento da população "constitui um problema" para o vigor dos estados-nação (Foucault, 2004). Ciência e normatividade, análise e política, estratégias de intervenção e economia, estão sempre muito interligadas quando se trata de definir e estudar certos aspectos "problemáticos" da vida social que são
"naturalmente" prontos a intervir para os corrigir. Este entrelaçamento de dimensões normativas e científicas é ilustrado pelo caso dos chamados problemas de saúde mental, cujo poder para explicar "o que está errado" numa sociedade é agora imensurável. Expressões como "problema de saúde mental", "desordem de saúde mental", "desequilíbrio mental Estas mudanças de terminologia são de certa forma o inverso do processo que transformou a "loucura" em doença mental no final do século XVIII. Estas mudanças de terminologia fazem parte de um processo que é de certa forma o inverso daquele que transformou a "loucura" em doença mental no final do século XVIIIe . Durante este período heróico da psiquiatria ocidental, os pais fundadores circunscreveram, identificaram e definiram um certo número de entidades clínicas, designadas como categorias psicopatológicas, com base na observação de um universo heterogéneo de comportamentos e atitudes, composto de desvios, odores, extravagâncias, diferenças perturbadoras, criminalidade, pobreza extrema, etc. Tratava-se de separar de forma técnica a mente patológica específica, objecto de psiquiatria, da sua gangue social e moral problemática contextual e historicamente volátil (pobreza, criminalidade, devassidão, desvio, etc.).A actual passagem da doença mental, entendida como um universo restrito ao domínio da medicina patológica, para a saúde mental problemática, entendida como um universo inclusivo aberto às disfunções, reabre o já árduo problema de definir as fronteiras entre as dimensões do "mental patológico" e o O termo "social problemático" é utilizado no universo dos problemas sociais.A primeira consequência é uma abertura sem precedentes do campo de intervenção da psiquiatria e da psicologia para o novo "social patológico", porque estas duas disciplinas intervêm hoje em dia não só por razões mais amplas do que antes, na procura das "falhas psicológicas" da socialidade problemática, mas também socialmente mais nevrálgicas, nomeadamente: escola, trabalho, família. Numa palavra, reflectem e intervêm directamente nos processos de socialização quotidiana em nome da prevenção de problemas futuros, não só problemas de saúde mental, mas também problemas sociais, com base em cálculos de probabilidade sobre populações particulares (em risco, vulneráveis, frágeis, grupos etários específicos, comunidades etno-culturais, etc.) que são ou podem ser "problemáticos". Além disso, o trabalho social, as intervenções comunitárias e mesmo os grupos de utentes, muitas vezes pedem emprestados paradigmas psicológicos e psicossociais para definir, compreender, explicar e agir sobre os problemas sociais que lhes dizem respeito nos seus campos particulares de intervenção (Otero, 2003). O facto é que, então como

agora, a natureza "problemática" do comportamento social definido como um problema de saúde mental é uma dimensão opaca para a psiquiatria e para a ciência em geral, no sentido em que nenhum psiquiatra pode - nem precisa de explicar - porque é que ter pensamentos suicidas, não prestar atenção na escola, ou não se sentir culpado após cometer um homicídio é "socialmente problemático". É a sociedade que o faz por ele e impõe, normativamente falando, esta dimensão de identificação do "que constitui um problema". Esta necessidade A intervenção "visceralmente" normativa - e de forma alguma científica - deve ser explicada a partir das próprias características do social que a legitima, lhe dá sentido e acaba por esbater os contornos entre a patologia mental e a não conformidade social, retraindo ao mesmo tempo a sua presença na equação de problematização de um fenómeno, de um comportamento ou de uma atitude.o caso da homossexualidade é um bom exemplo para ilustrar este processo. De facto, até meados da década de 1970, a homossexualidade foi listada nos manuais psiquiátricos como uma categoria psicopatológica. No DSM- I (1952), é listada como um desvio sexual na mesma classe nosográfica da pedofilia, fetichismo, violação, travestismo e agressão sexual.No DSM-II (1968), é retirada desta classe de psicopatologias, colocando-a discretamente entre parênteses e especificando que não é um distúrbio mental em si, mas apenas sob certas condições. O DSM-III (1980) fala da homossexualidade ego-distónica para indicar que apenas os "impulsos homossexuais" que mergulham o indivíduo na confusão são estritamente falando patológicos. Este argumento poderia, evidentemente, ser aplicado a qualquer outro comportamento ou "impulso", mas curiosamente, apenas alguns deles merecem esta atenção psiquiátrica específica. No DSM-IV (1994), não há qualquer menção à homossexualidade na classe das parafilias, nem em qualquer outro lugar. O que mudou em pouco mais de trinta anos? O comportamento homossexual ou as condições normativas não psiquiátricas que no entanto levaram a psiquiatria a patologizá-lo? A transformação do estatuto da homossexualidade de problemático para não-problemático nada deve à psiquiatria ou à ciência, mas tudo às condições sociais da sua tolerância, da sua aceitação, e mesmo da sua integração no universo da conformidade. A situação foi mesmo invertida: se um psiquiatra ocidental patologizasse hoje a homossexualidade, seria o seu próprio comportamento que por sua vez correria o risco de ser patologizado como homofobia. Por outro lado, outras antigas "paráfilias", como o fetichismo e o travestismo, permanecem classificadas sem qualquer base científica no universo da "mente patológica" até que as condições sociais da sua conformidade se tornem realidade.O acima exposto não significa, insistimos, que as patologias mentais não existam e que sejam apenas categorizações médicas de comportamentos cultural e normativamente problemáticos, porque ou são desviantes ou estatisticamente sub-representadas. Contudo, a definição de um "problema" como pertencente ao campo da saúde mental e não ao campo da diferença ou do conflito social é um processo complexo em que a cultura, as normas e as relações de poder entre grupos intervêm de forma forte e decisiva sobre o que é "capturado" ou não pelas disciplinas psicológicas, psicossociológicas e médicas como sendo "naturalmente" problemático porque está enraizado numa espessura psicológica, biológica ou mesmo genética. Esta necessidade normativa "visceralmente" de intervenção é, evidentemente, graduada de acordo com os diferentes casos visados em termos concretos da natureza e da escala dos meios mobilizados. Esta graduação testemunha, em grande parte, as desigualdades que estruturam a desigual equação social: "distribuição dos recursos - modalidades de intervenção - situações problemáticas". Como Émile Durkheim (1973) já tinha formulado, as reacções sociais não são necessariamente ponderadas de acordo com o grau de nocividade que o acto sancionado pode causar. De facto, "uma crise económica, um crash bolsista, mesmo uma falência pode desorganizar o corpo social muito mais seriamente do que um homicídio isolado". Um acto pode ser desastroso para uma sociedade sem incorrer na menor repressão" (Ibidem, p. 38). Émile Durkheim observa assim que o grau de intensidade e a forma como um determinado comportamento social é sancionado apenas nos diz o tipo de normas que expressam crenças e sentimentos colectivos que foram transgredidos.E isto não mudou, porque o desequilíbrio empiricamente verificável da necessidade normativa de intervir "visceralmente" continua a manifestar-se em termos de magnitude e natureza, muitas vezes sem ter em conta a gravidade dos problemas considerados. Desequilíbrio, por um lado, entre a magnitude ou gravidade de certas necessidades, deficiências, deficiências e desvantagens que se reflectem numa série de problemas sociais e, por outro lado, a modéstia da atenção social, das políticas sociais e dos recursos materiais que são mobilizados. Mas também o desequilíbrio inverso, ou seja, o excesso de recursos e atenção dedicada a necessidades, problemas e riscos menos urgentes, é um testemunho desta equação desigual. A natureza da intervenção também não escapa a este desequilíbrio, já que alguns casos de incumprimento são geridos por mais vigilância, controlo, sanção e repressão, enquanto noutros casos será mais uma questão de ajuda, protecção, aconselhamento, e respeito. (Protecteur du citoyen, 2011; MSSSQ, 2011). Dois parâmetros inter-relacionados parecem orientar fortemente tanto a reacção socialmente desequilibrada do "visceral normativo" (algo deve ser feito) como o seu lado negativo, ou seja, a justificação para negligenciar certos problemas (nada pode ser feito), nomeadamente: 1) a divisão crucial entre populações activas e não activas; 2) a metonímização de certas situações problemáticas através da designação de um grupo estereotipado que supostamente as deve encarnar. Para o primeiro parâmetro, basta lembrar que as populações não activas são frequentemente consideradas um fardo com o qual os programas sociais lidam sem qualquer esperança real de inverter as situações mais dramáticas e para as quais as dimensões de segurança das intervenções são largamente desproporcionadas e injustificadas (Otero & Dugré, 2012; Bellot, 2012). Esta afirmação não é exagerada se considerarmos o pequeno lugar que o tema da pobreza ocupa no Québec nos programas dos partidos políticos provinciais e federais, num contexto de aprofundamento das desigualdades sociais amplamente verificado pelas organizações internacionais. No mesmo sentido, as desigualdades sociais na saúde estão a atingir níveis tão preocupantes que parece justificado, em alguns casos, falar em abandonar as pessoas quando a sua esperança média de vida varia entre 7 e 10 anos, dependendo dos bairros de uma única cidade como Montreal (Rapports inégalité, 2012).Além disso, a importância da divisão entre indivíduos "activos" e "assistidos" é agora amplificada pela centralidade sem precedentes do valor social do trabalho como o principal identificador social. De facto, a nova atracção moral do trabalho (Mercure & Vultur, 2010; Kirouac, 2012) combinada com a sua actual capacidade de definir massivamente a identidade e o valor dos indivíduos, complica como nunca antes a situação dos indivíduos que não são economicamente activos ou cujo desempenho está abaixo da média. E isto, não só em termos de escassez de recursos materiais, mas também, de forma mais ampla, em termos de respeito pelos seus direitos fundamentais e pela legitimidade das suas reivindicações, por muito pequenas que sejam, ou mesmo da sua existência social mais básica. Quanto à função metonímica, refere-se à figura retórica onde a parte explica o todo porque encarna simbolicamente a totalidade de um fenómeno maior que se supõe resumir reduzindo-o a um aspecto significativo para um determinado público ou público. No mundo dos problemas sociais, as figuras do sem-abrigo, do toxicodependente ou da prostituta, estereotipadas ao ponto de folclorização na imaginação popular, mediática e por vezes até científica, acabam por "explicar" os fenómenos sociais dos sem-abrigo, da toxicodependência e da prostituição.Como resultado, alguns indivíduos têm de carregar o peso do que é conotado por uma das dimensões da sua vida que "Isto porque está automaticamente associado a um grupo estereotipado que por vezes é socialmente desprezado, denegrido e estigmatizado, por vezes percebido como preocupante, ameaçador ou perigoso.Ao mesmo tempo, todas as outras dimensões que tornam estes indivíduos "como todos os outros" e que são irredutíveis a uma dimensão ou condição problemática da sua existência, são relativizadas, relegadas para segundo plano, ou mesmo completamente esquecidas. Apesar do enorme trabalho sobre estigmatização, discriminação, exclusão e subordinação de categorias de pessoas vulneráveis, e sem negar os avanços em vários campos (certas identidades sexuais, identidades raciais, deficiências, etc.), esta metonimização que associa certos indivíduos a certas "populações" que se tornaram contra-igual a este ou aquele aspecto da socialidade comum, continua a funcionar. Com efeito, continuamos a falar de "populações" sem abrigo, toxicodependentes, criminosos, que pressupõem implicitamente uma verdadeira homogeneidade relativamente a um grupo de indivíduos com base num traço saliente, porque é problemático, mesmo que, em muitos casos, seja para os ajudar. Estes processos passam, evidentemente, de certos casos de figuras para outros (crianças hiperactivas, adultos deprimidos, idosos dependentes, hipersexualização de jovens raparigas, ciberadição, etc.) de acordo com a dinâmica em mutação da "visceral" normativa que lavra constantemente o terreno da não-conformidade, mas que por sua vez está sujeita às amplas transformações das características da socialidade ordinária. De facto, as características da socialidade ordinária foram profundamente transformadas no sentido em que a "volta pessoal" (Ehrenberg, 2011) está a assumir um âmbito tão generalizado que a análise clássica dos problemas sociais em termos de grupos mais ou menos coerentes é constantemente desafiada em vários aspectos pela crescente necessidade de ter em conta situações particulares que dizem respeito a indivíduos singulares. A tal ponto que hoje mais do que nunca se pode considerar um indivíduo singular antes de ser mulher ou homem, criança ou idoso, heterossexual ou homossexual, e isto colocando em primeiro plano as características gerais da pessoa: a sua dignidade, a sua espessura afectiva e a sua subjectividade única **19.** Estas características da socialidade corrente de hoje, que poderiam ser chamadas de "individualismo de massas", merecem ser discutidas tanto do ponto de vista das suas dimensões singularizadoras e individualizadoras como das suas dimensões transversais e vinculativas.

I.4. Novo contexto social para pensar sobre "o que está errado

A compreensão do universo dos problemas sociais contemporâneos beneficiaria de prestar particular atenção às transformações sociais amplas, transversais e de ligação, em vez de insistir na análise clássica das características intrínsecas das "populações" vulneráveis, perturbadoras ou perigosas que são assistidas, geridas ou reprimidas de forma quantitativa e qualitativamente desigual, de acordo com as lógicas acima mencionadas. Enumeraremos rapidamente apenas seis delas, que nos parecem ser as mais importantes e que se empenham, ao mesmo tempo, como veremos mais adiante, nas posições sociais, nas dinâmicas de socialização, nas mudanças culturais e nas estratégias de interpelação social:

- ✓ Fragilização das posições estatutárias e friabilidade dos apoios sociais.
- ✓ Reconfiguração dos papéis familiares, incluindo a redistribuição de autoridade parental.
- ✓ Transformação do trabalho no meta valor supremo da identificação, mesmo da existência social.
- ✓ Coexistência de referências morais múltiplas e por vezes contraditórias.
- ✓ Intensificação da codificação psicológica e biomédica na regulação dos comportamentos diários.
- ✓ Predominância do poder e simples coerção sobre a subjugação e ideologia como formas generalizadas de subordinação social.

Em geral, este novo contexto social é marcado por uma dupla injunção complementar para a singularização e conformidade. Com efeito, as singularidades individuais devem ser reconhecidas e respeitadas para todos, para cada indivíduo singular, ao mesmo tempo que são referidas a uma individualidade social ordinária para todos como um indivíduo social. As características gerais deste último (autonomia, desempenho, responsabilidade, capacidade de adaptação à mudança, versatilidade, capacidade de tomar iniciativas, etc.), são renovadas, incessantemente transmitidas por múltiplos dispositivos de socialização que encorajam, conduzem e autorizam indivíduos concretos (crianças, adultos, idosos) a conceberem-se cada vez mais como seres responsáveis e de iniciativa cujo destino social dependeria essencialmente apenas da sua capacidade individual de adaptação aos ambientes em que evoluem: família, trabalho, escola, etc.A individualidade social comum de que aqui falamos é muito simplesmente, mesmo que não tenha nada de simples, aquilo que é actual num dado momento, numa dada sociedade e ao qual se deve, de uma forma ou de outra, referir-se. É a que responde à pergunta: o que é um indivíduo hoje em dia? Mas referir-se a ele não significa identificar-se com ele ou curvar-se a ele, ou procurar conhecer esta individualidade para a contestar ou abolir numa luta individual ou colectiva, teórica ou prática. A referência à individualidade social ordinária permite "conhecer" quem é um em relação aos outros numa sociedade de individualismo de massas e, de uma forma menos positiva, "conhecer-se a si próprio" num ou noutro grau, de uma forma ou de outra, "por defeito", "desfasado" e, mais raramente, "à margem" do que se pede a cada indivíduo para ser e fazer de acordo com as diferentes configurações em que evolui: coordenadas socioeconómicas, grupos socioprofissionais, grupos etários, grupos de género, grupos comunitários, etc.Ao referir-se a ele, os indivíduos particulares tomam ao mesmo tempo "conhecimento" e "distância" da individualidade social ordinária que lhes diz respeito de acordo com a sua posição social, pois referir-se a ele obriga a singularizar-se em relação a uma referência comum que se deve necessariamente "conhecer" se se vive em sociedade. Nenhum indivíduo, portanto, sem referência à individualidade social ordinária. Nenhuma individualidade social ordinária sem indivíduos singulares que incansavelmente a tomam em cada acto da sua vida, ao mesmo tempo "conhecimento" e "distância". Devemos ainda sublinhar claramente dois elementos essenciais que nos distanciam tanto das chamadas sociologias críticas como dos individualismos metodológicos: 1) a individualidade social comum não é nem normal nem patológica, nem boa nem má, nem crítica nem alienada, é, se não institucionalizada, pelo menos distribuída como a média do que é desejável ser e fazer não só de uma forma vaga e geral numa sociedade, mas também de uma forma mais específica em cada classe, grupo, comunidade ou colectivo onde indivíduos particulares evoluem, demonstrando constantemente a sua singularidade social; 2) o individualismo de massa, ao mesmo tempo singular e social, é o produto de uma ampla e profunda transformação social que deve ser questionada e analisada por uma sociologia da individuação nos antípodas de uma sociologia do indivíduo como o individualismo metodológico ou psicológico de acções individuais ou colectivas. O processo de individuação é, paradoxalmente, como diz Danilo Martuccelli, "o princípio mais certo da unidade na sociedade contemporânea". Um estudo sobre a individualização sublinha desde o início o princípio da unidade".Se os indivíduos concretos são rasgados por duas injunções complementares próprias da sociedade do individualismo de massas, ou seja, para se singularizarem e se referirem à individualidade social ordinária, esta nova dinâmica 1) actua sem considerar as posições sociais desiguais dos indivíduos que são as clivagens, as classes, situações vulneráveis, etc, 2) opera uma "democratização" do sofrimento psicológico, 3) requer um desenvolvimento permanente dos modos de adaptação social e, 4) inverte a velha equação sociológica que atribuía o primado afectivo à socialização primária e o primado cognitivo à socialização secundária. O primeiro ponto diz respeito aos efeitos negativos do enfraquecimento das posições de estatuto: a fragilidade dos apoios sociais e a reconfiguração dos papéis familiares, que parecem ser congruentes com a exigência de singularização individual, mas que ao mesmo tempo reflectem a acentuação das desigualdades sociais. De facto, nos últimos vinte anos, na maioria dos países da OCDE, uma coisa é clara: houve um aumento das desigualdades de rendimento entre grupos sociais e um aumento do número absoluto de pessoas pobres.o Canadá é um dos países mais afectados por esta tendência (OCDE, 2008a; Conference Board, 2011), uma vez que a pobreza aumentou de 3 para 12% durante a última década e afecta todos os grupos etários (OCDE, 2008b). A menor proporção de gastos governamentais em programas destinados directa ou indirectamente a reduzir a pobreza e a apoiar pessoas em situações de vulnerabilidade significativa, combinada com a transformação da composição do agregado familiar (aumento da monoparentalidade e do número de pessoas que vivem sozinhas) é relatada como um elemento importante relacionado com o aumento da desigualdade de rendimentos do agregado familiar (Turbide et al., 2006). A tendência de "viver sozinho" parece ser uma forte tendência que afecta todos os grupos socioeconómicos nos grandes centros urbanos. Em Montreal, por exemplo, 38 dos agregados familiares são compostos por uma única pessoa (Charbonneau, Germain & Molgat, 2009), mas isto não significa que "viver sozinho" seja um factor de empobrecimento em si mesmo; pode, no entanto, tornar-se um quando combinado com ou transformado numa situação de isolamento.Estudos sobre as ligações entre as desigualdades sociais e os problemas de saúde física e mental mostraram claramente o impacto decisivo das condições de vida materiais, sociais e ambientais no estado de saúde dos indivíduos (De Koninck & Fassin, 2004), condições que inscrevem permanentemente as marcas da desigualdade social nos seus corpos biológico e psíquico. No Quebeque, as lacunas na saúde e mortalidade prematura que separam os materialmente e socialmente desfavorecidos dos favorecidos continuam a aumentar (Frohlich et al., 2008; Pampalon, 2008). O conceito de desvantagem, mais do que o de pobreza, permite qualificar o estado de "desvantagem" de um indivíduo ou de um grupo em relação a um grupo a que pertence em termos relativos. A análise das ligações entre desvantagem material (rendimento, educação, emprego, etc.), desvantagem social (fragilidade da rede social, isolamento, etc.) e desigualdades na saúde permite-nos compreender mais detalhadamente o impacto das transformações sociais que afectam actualmente as sociedades contemporâneas.Neste contexto, o desinvestimento em políticas mais ou menos directas de combate à pobreza é contrabalançado por uma intensificação da codificação e por intervenções psicológicas e biomédicas. Parece que um dos maiores desafios que as sociedades actuais de individualismo de massas enfrentam é como lidar eficazmente com as desigualdades sociais e de saúde, evitando ao mesmo tempo a dupla armadilha de identificar grupos de risco e padrões de comportamento prejudiciais que precisam de ser combatidos. Parece que um dos maiores desafios enfrentados pelas sociedades actuais de individualismo de massas é encontrar uma forma de agir eficazmente sobre as desigualdades sociais e de saúde, evitando ao mesmo tempo a dupla armadilha de idealizar o estado de bem-estar perdido dos Trente Glorieuses e negligenciando os limites, numa escala social, da promoção psicossocial das "capacidades" individuais.Quanto ao segundo ponto, a "democratização" do sofrimento psicológico, convém lembrar que Sigmund Freud poderia escrever no seu Abridamento de Psicanálise que "o bárbaro, há que confessar, não tem dificuldade em cuidar de si mesmo, enquanto que para os civilizados, esta é uma tarefa pesada" (2001, p. O bárbaro a quem Sigmund Freud se refere não era apenas o estrangeiro não-ocidental cuja psique era protegida por tradições frustradas, mas o trabalhador, o pobre, o deserdado, aquele que é desprovido de "cultura". O bárbaro foi poupado a "misérias psicológicas" uma vez que eram, nessa altura e até há pouco tempo, um privilégio de classe tanto cultural como social. No entanto, se é verdade que as neuroses freudianas eram socialmente muito selectivas, tirando os seus infelizes candidatos de uma piscina de indivíduos "O mesmo não se pode dizer das perturbações de ansiedade contemporâneas. Na verdade, durante pelo menos trinta anos, estes últimos parecem recrutar as suas presas num mais Este é um fenómeno "democrático", atraindo ainda mais as suas vítimas do pool dos mais desfavorecidos. De facto, o beneficiário inactivo da assistência social e o trabalhador explorado têm o direito de estar deprimidos, ou ansiosos e deprimidos, tanto quanto o rentier ocioso e o homem de negócios ocupado.Se todos têm direito ao reconhecimento do seu sofrimento psicológico, pobres e ricos, celebridades e pessoas comuns, homens e mulheres, é - Isto significa que tudo está cada vez pior, como afirma uma certa sociologia crítica? O que significa sofrer quando todos estão a sofrer e quando, além disso, todos parecem ter de falar sobre isso e ter o direito de ser ouvidos? O campo do sofrimento psicológico é, de facto, um espaço social fértil onde se pode valorizar significados, implementar estratégias, liderar lutas, avançar causas, reduzir danos devido a comportamentos condenáveis, obter reconhecimento, mas também muito simplesmente exprimir facetas banais da subjectividade e satisfazer exigências de empatia em todo o lado. Não é portanto uma questão moral, nem psicológica, nem psicopatológica, mas sobretudo sociológica: uma sociedade de individualismo de massas permite, é mesmo a condição de possibilidade, de um sofrimento psicológico de massas.A generalização do sofrimento é assim hoje uma das declinações expressivas comuns da individualidade social comum. Se Leo Tolstoy afirmava em Anna Karenina (1877) que "todas as famílias felizes são iguais, mas cada família é infeliz à sua maneira", a experiência contemporânea do sofrimento modifica esta percepção. Em contraste com a singular infelicidade privada de que Leo Tolstoy falava, o sofrimento e a angústia contemporâneos são solicitados, saem das sombras, são postos em evidência, são medidos uns contra os outros, e em alguns aspectos são semelhantes na medida em que "não se sofre como se deseja", uma vez que a generalização de uma gramática geral de sofrimento marca as possibilidades de se ser infeliz "à sua maneira" (Otero & Namian, 2011). O "sucesso" simultâneo na sociologia da noção de sofrimento social, que se sobrepôs à de exclusão social (Soulet, 2004, 2007), e na psiquiatria, da de perturbação mental, que se sobrepôs à de doença mental, testemunha as profundas transformações na forma como as questões da subjectividade contemporânea perturbada, patológica e sofredora são teorizadas. Estas questões são forçosamente puxadas tanto do lado social (socializar o sofrimento associando-o às disfunções sociais) como do biológico mental (biologizar o sofrimento associando-o às disfunções cerebrais). Quer as últimas etiologias, as famosas últimas instâncias, sejam a insuficiência de serotonina ou a perda de sentido e de pontos de referência considerados como uma das figuras contemporâneas dos efeitos alienantes clássicos do capitalismo, a observação subjacente é a mesma: hoje, o sofrimento está em todo o lado, todos sofrem, fala do seu sofrimento e tem direito ao reconhecimento do seu sofrimento.Quanto ao terceiro ponto, a exigência de um desenvolvimento permanente dos modos de adaptação social, é um dos únicos pontos de convergência do antigo debate entre culturalistas (as bases culturais a psique) e psicólogos (a psique baseia o cultural), quando se trata de pensar o que se chamava na época os países industrializados. Margaret Mead, grande representante da antropologia culturalista, já tinha definido as sociedades ocidentais como sendo sociedades "prefigurativas", ou seja, sociedades que mudam muito rapidamente e onde a experiência transmitida pelos mais velhos parece pouco útil para a geração mais jovem, que se encontra numa situação semelhante à do imigrante ou do pioneiro que deve aprender tudo em tempo real (Mead, 1978). Geza Roheim, crítico acerbico dos antropólogos que questionavam a universalidade do complexo de Édipo, ou seja, da psique humana, sublinhou um facto importante no Ocidente: a passagem de sociedades em lenta evolução para sociedades em rápida mudança, que ele chamou, antes da letra, "sociedades orientadas para a terapêutica" (Roheim, 1967). Nessas sociedades, caracterizadas pela necessidade de constante adaptação, as intervenções psicoterapêuticas, hoje em dia diríamos em saúde mental, são chamadas a desempenhar um papel importante nos amplos processos de socialização ordinária. De facto, o complexo e vasto universo actual da saúde mental estende-se por todo o lado: psicossocial, psicoterapêutico, psicofarmacológico, intervenções psico-pedagógicas, dispositivos de fala e de escuta, etc., e constitui um lugar privilegiado para observar as diferentes formas de regulação e desenvolvimento dos comportamentos em crianças, adultos e idosos. É um lugar onde certas injunções sociais se manifestam, indicando aos indivíduos o que se espera deles, um lugar onde mostram resistência a essas injunções através de sintomas, sofrimento ou "acting out" e, finalmente, um lugar de renovação de certas identidades no quadro das quais nos devemos reconhecer e funcionar. Não se trata apenas de paliar as "disfunções psicológicas e sociais", mas também de "produzir comportamentos que são agora referidos como "adaptados", em vez de O que é uma necessidade porque os indivíduos estão a evoluir dentro de dinâmicas "ambientais" instáveis como nunca antes (profissional, familiar, conjugal, escolar, amor, sexual, e social). De facto, isto é uma necessidade porque os indivíduos evoluem dentro de dinâmicas "ambientais" instáveis como nunca antes (profissional, familiar, conjugal, escolar, amor, sexual, lazer, identidade, etc.) nas quais são projectados e dos quais são alternadamente ou ao mesmo tempo retirados e isto permanentemente no decurso da sua trajectória de vida cada vez menos linear e previsível.É neste sentido que a individualidade maciça, transversal e ordinária, que caracteriza as sociedades contemporâneas, parece ressoar com as disciplinasOs campos da "psicologia" (psicologia, psico-educação, psiquiatria, psicofarmacologia, etc.).) fornecem grelhas interpretativas e de intervenção não só para compreender e gerir os múltiplos casos de "o que é problemático" em qualquer sociedade, mas também, cada vez mais, para agir directamente sobre a "normalidade".Ao mesmo tempo, compreendemos melhor a predominância da coerção directa (os indivíduos são colocados em relações de poder desequilibradas sem a mínima ocultação) e da responsabilidade (é da sua responsabilidade individual se estiverem em tais situações) sobre a subjugação (sujeito da própria condição, origem, classe, etc.) e ideologia (mistificação internalizada da própria condição de dominado) como formas generalizadas de subordinação social. Estas últimas, isto é, a subjugação e a ideologia, não só se revelam de facto menos eficazes empiricamente, como também exigem uma estrutura de socialização que já não existe, particularmente ao nível da família, da escola e do trabalho.Quanto ao quarto ponto, a inversão da velha equação que qualifica a socialização primária como socialização afectiva e secundária como socialização cognitiva, está intimamente ligada aos três primeiros. É talvez Franz Boas, o pai do culturalismo, lutando contra a ideia de um espírito, de uma psique ou de uma natureza humana universal, que explícita e sistematicamente investiu a questão da ligação necessária entre cultura e personalidade. Se cada cultura produz a sua própria personalidade porque o "conjunto de instituições de uma dada cultura" cria um estilo de vida irredutível em torno do qual os indivíduos bordam a sua personalidade igualmente irredutível, pode-se dizer com Abram Kardiner que o "eu" é de certa forma um "precipitado cultural" (Kardiner, 1969). Mas, o "conjunto de instituições de uma dada cultura" ao qual os culturalistas se referem invariavelmente visava os responsáveis pela educação na família, onde a "personalidade básica" foi forjada na cara intensa, privada, exclusiva e profundamente afectiva entre a criança a ser socializada e os "outros significativos" socializantes (os pais). Ralf Linton reafirma esta ideia de que é acima de tudo a educação familiar que transforma os indivíduos em verdadeiros membros da sociedade através da formação, essencialmente afectiva, da personalidade básica do indivíduo em idade jovem. O que ele chama de "personalidades estatutárias" constitui "configurações adicionais de respostas culturais", essencialmente cognitivas e ligadas a estatutos extrafamiliares (burguês, médico, trabalhador, empregado, desportista, etc.) adquiridos de forma aberta e competitiva na vida adulta, ou pelo menos pós-adolescente.Peter Berger e Thomas Luckmann retomam essencialmente estas características de socialização primária, que para eles consiste numa identificação emocional onde as regras do jogo são fixadas de forma forte, duradoura e exclusiva para a criança no processo de se tornar um membro da sociedade. Não há escolha de "outros" significativos porque para esta primeira identificação determinante e inevitável, o mundo dos pais não é um mundo entre outros, mas é "o" mundo da criança. Nas palavras dos autores, os pais não são simplesmente "funcionários institucionais" da socialização, eles são "a" sociedade. Naturalmente, nenhuma socialização é completa ou completamente bem sucedida por todo o tipo de razões discutidas pelos autores: turnos, metamorfoses, choques biográficos, competição inesperada ou indesejável, etc. Os exemplos dados pelos autores, contudo, continuam a ser excepções cujas definições rivais do mundo a transmitir são na maioria das vezes o resultado da "heterogeneidade do pessoal encarregado de levar a cabo a socialização primária", tais como os diversificados "outros" significativos (outros pais, substitutos, enfermeiros, tias, avós, etc.) que operam mediações contraditórias, inadequadas ou concorrentes (conflitos de mundos contraditórios a internalizar).Contudo, estas excepções são cada vez menos excepcionais hoje em dia, se tivermos em conta a generalização das famílias recompostas, a assunção muito precoce da responsabilidade pela educação das crianças pelas estruturas da primeira infância, em particular por creches, infantários, centros de dia, a redução das desigualdades de género, de casamentos entre pessoas do mesmo sexo, a redistribuição dos papéis familiares, o declínio da figura paterna, o aumento dos direitos dos filhos, a monoparentalidade indesejada ou por opção, a generalização da vida a solo, a possibilidade individual de adoptar filhos ou, para as mulheres, de procriar individualmente, etc. Podemos dizer que a socialização primária já não é o que era em termos de exclusividade do "pessoal encarregado da sua execução", de adesão "afectiva" ao "mundo" internalizado e à transmissão de um único "mundo" em vez de vários? Nas sociedades contemporâneas esta transformação é largamente iniciada e as três dimensões essenciais aí envolvidas são inelutavelmente abaladas: outras significativas, afectividade e exclusividade do mundo a ser transmitido. As primeiras são múltiplas, variadas e por vezes inesperadas, a carga afectiva é menos intensa e mais distribuída no mundo a transmitir é simultaneamente precária (tornar-se-á obsoleta) e multiplicada em vários mundos concorrentes, mesmo contraditórios.A socialização secundária deriva essencialmente da divisão social do trabalho, dos papéis a ele associados (médico, paciente, encarregado, empregado, etc.) e da distribuição social do reconhecimento que lhe está frequentemente associada. Peter Berger e Thomas Luckmann lembram-nos que a socialização secundária não implica uma "inevitabilidade" porque é o local de cognição, pragmatismo, escolha, controlo emocional e racionalidade. Em vez de "Os autores falam frequentemente de "sub-mundos" que são geralmente questionáveis devido ao seu carácter menos fundamental, mais especializado, mutável e, acima de tudo, contextual. No passado, o carácter mais natural e fundamental da socialização primária era esquematicamente contrastado com o carácter mais artificial e acrescentado da socialização secundária, o que por vezes era ilustrado pelo caso do imigrante: ele ou ela nunca se tornará um membro "afectivo" da sociedade (ele ou ela pode aprender a comportar-se como um mas não a "sentir-se" como um), enquanto ele ou ela pode tornar-se um médico, um empregado ou um trabalhador de pleno direito.Na prática, os casos são muito diferentes porque o empenho do religioso e do empregado do banco não é obviamente o mesmo, nem a proporção de componentes afectivos e cognitivos. A noção de vocação tem muitos elementos afectivos, assim como as expressões "É essencial sublinhar que, para os autores, estas são excepções, tal como a interferência de outros mundos foi também o caso na socialização primária. Mas é essencial sublinhar que, para os autores, estas continuam a ser excepções, tal como a interferência de outros mundos também foi o caso na socialização primária. Podemos dizer hoje que a socialização secundária também já não é o que era, em termos de uma adesão bastante cognitiva, da excepcionalidade da "vocação", uma instância de transmissão de "sub-mundos" questionáveis? Podemos pensar num reinvestimento afectivo no trabalho, dada a sua centralidade sem precedentes na realização pessoal dos indivíduos, na sua valorização social e na sua identificação como membros de pleno direito da sociedade, um reinvestimento que estaria correlacionado com um relaxamento do investimento afectivo associado a configurações familiares mais flexíveis, modificáveis, contestáveis e cheias de interferências, que são agora consideradas mais como uma mais-valia do que como um problema a ser resolvido? E, finalmente, e se fosse mais no trabalho do que na vida familiar que agora encontramos não só os critérios que caracterizam um verdadeiro membro da sociedade, mas também o lugar onde as verdadeiras questões de identificação afectiva que estruturam as personalidades no sentido de Ralf Linton, ou seja, o que é o "fundamento cultural da personalidade"?Para além destas transformações, parece relevante recordar que Peter Berger e Thomas Luckmann já tinham salientado que qualquer sociedade complexa onde vários mundos estão abertos um ao outro tende a tornar possível a seguinte questão existencial entre os membros de uma sociedade: quem sou eu? Como é que eu me tornei quem sou? Porque sou assim e não desta forma? De facto, é neste sentido que o individualismo pode ameaçar o que a socialização levou tempo a construir através da escolha disponível e frequente entre diferentes identificações, através da possibilidade constante de abrir o caminho biográfico à reflexão sobre outros mundos e, numa palavra, à questão que pode ser paralisante, desorientadora ou sofredora: será que fiz a escolha certa ou errada na vida? No entanto, esta pergunta, que destaca a possível abertura do percurso biográfico à reflexão permanente sobre "a própria vida" e a outros "mundos" possíveis (género, sexualidade, profissão, gostos, moral, etc.), está a tornar-se uma espécie de questionamento ordinário que está amplamente estabelecido nas sociedades contemporâneas. Este processo não deve ser entendido como uma transformação psicológica, mas sobretudo como uma transformação fundamentalmente societal e existencial. Societal porque, como o próprio Karl Marx assinalou na linguagem do seu tempo: "É apenas na comunidade que existem os meios para cada indivíduo cultivar as suas disposições em todos os sentidos; é portanto apenas na comunidade que a liberdade pessoal se torna possível" (Marx, 1982, p. 1110). Os meios de cultivar as disposições individuais expandiram-se significativamente, tornando o questionamento existencial, a incerteza, a dúvida, e as bifurcações de trajectória um facto de sociologia normal e não uma fonte de preocupação para a coesão ou estabilidade social. O próprio Pierre Bourdieu apontou tardiamente esta questão desconfortável para a chamada sociologia crítica: "Demorei muito tempo a compreender que a recusa do existencial era uma armadilha, que a sociologia se constituía contra o singular e o pessoal, o existencial, e que esta é uma das principais causas da incapacidade dos sociólogos em compreender o sofrimento social" (Bourdieu, 1992, p. 355).

Tornar-se outra pessoa numa ou mais dimensões da sua vida (profissão, género, moral, opiniões, etc.) requer aquilo a que Peter Berger e Thomas Luckmann chamaram estruturas de plausibilidade, que são sociais e externas aos indivíduos. Estas estruturas não só tornam possível a nova bifurcação biográfica, como também a mantêm no tempo e no espaço social, sem a qual o questionamento existencial permanece apenas um questionamento interior, uma visão da mente, um sonho momentâneo. É neste sentido que não se trata de um processo psicológico, da emergência de uma nova personalidade hipermoderna ou pós-moderna, mas da generalização das condições sociais necessárias de possibilidade de ser outra pessoa, de exercer as suas disposições, como diria Karl Marx, de investir outras regiões do arco das possibilidades humanas, como diria Ruth Benedict.Em termos de psique, personalidade ou espírito: fora da Igreja (instituição), não há salvação (fé do crente) porque as possibilidades do "arco humano" (Ruth Benedict), os "meios de cultivar as próprias disposições" (Karl Marx) ou as "estruturas de plausibilidade" (Peter Berger e Thomas Luckman) são inerentemente sociais. Porque não tirar então as consequências necessárias destas transformações para pensar de novo sobre problemas sociais para além de categorias de pessoas, populações ou perfis psicológicos "problemáticos"?

I.5. Populações "problemáticas

A intenção heurística de ligar o universo do "que é problemático" à base social mais ampla da individualidade singular e social, tal como discutido acima, e do qual pertencentes a determinados grupos, classes, redes (maioritárias, minoritárias, conformes, não conformes, etc.) já não podem ser dispensados, tem um objectivo preciso, a saber: reformular o ângulo geral de análise dos problemas sociais a fim de apreender mais dimensões que são "problematizadas socialmente" do que "problematizadas".) já não pode ser dispensado, tem um objectivo preciso, nomeadamente: reformular o ângulo geral de análise dos problemas sociais, a fim de apreender mais dimensões "socialmente problematizadas" do que populações designadas como "socialmente problemáticas".Por exemplo, em vez de tentar identificar grupos específicos de pessoas consideradas vulneráveis, em risco, em perigo ou perigosas, com o objectivo de ajudar (protecção, cuidados, etc.).) ou para efeitos de controlo (vigilância, repressão, judicialização, etc.), podemos recorrer a conjuntos quadri-dimensionais e processuais que envolvem diferenças, desvantagens, deficiências e comportamentos que, por razões que precisam sempre de ser explicitadas e discutidas, podem ser considerados como sendo os mesmos.), podemos apelar a conjuntos quadri-dimensionais e processuais que envolvam diferenças, desvantagens, deficiências e comportamentos que, por razões que devem ser sempre explicitadas e discutidas permanentemente, "colocam um problema" e assim se tornam objecto de intervenções legítimas (algo deve ser feito) ou de negligência desumanizante (nada pode ser feito) num momento específico e numa sociedade específica.Propomos, de uma forma muito esquemática e abstracta, privilegiar a análise de quatro amplas dimensões sociais, fundamentais para pensar a problemática da não conformidade, desvinculando-a das populações que a ela se prendem e cuja existência ainda está por verificar. O conjunto para estimular a discussão em torno do universo dos problemas sociais contemporâneos sobre bases transversais e processuais que se referem sistematicamente, por um lado, aos estados, situações e contextos sociais "que colocam problemas" e, por outro lado, às dinâmicas, transformações e mudanças societais que nos permitem compreendê-los e explicá-los.

a) Desvantagens problemáticas: esta dimensão refere-se a condições socioeconómicas de origem estrutural ou processual que afectam objectivamente as condições gerais de vida de indivíduos ou grupos. São representadas, entre outras coisas, por novas e velhas formas de pobreza, instabilidade de emprego, desemprego de longa duração, precariedade residencial, sem abrigo, dificuldades de acesso aos serviços, isolamento social, não reconhecimento social e formas complexas de vulnerabilidade social.

b) Diferenças problematizadas: Esta dimensão refere-se a formas de estar ou aparecer que estão estatisticamente subrepresentadas, estranhas ou estrangeiras e susceptíveis de provocar espanto, rejeição, discriminação, estigmatização ou desprezo. Este é o caso de alguns dos estilos de vida racializados, surpreendentes ou invulgares, estética do vestuário, aparências ou características físicas, etc.

c) Deficiências problemáticas: trata-se de limitações físicas ou psíquicas que constituem um constrangimento objectivo ou subjectivo ao funcionamento normal na vida quotidiana, tal como é apresentado numa determinada sociedade num determinado momento. Por exemplo, problemas de saúde física e mental, deficiências intelectuais e físicas, etc.

d) Comportamentos problemáticos: esta quarta dimensão evoca "actos" ou comportamentos prejudiciais, repreensíveis, perturbadores, perigosos, ameaçadores, arriscados (ou percebidos como tal) para a pessoa ou para terceiros. Isto pode assumir a forma de violência, vícios, práticas sexuais particulares, vaguear ou fugir, correr riscos para a saúde, incivilidades, abandono de si ou de outros, tendências autodestrutivas ou suicidas, etc.

Claramente, os universos empíricos abordados por estas dimensões transversais sobrepõem-se de muitas maneiras em cada caso concreto que consideramos. Por exemplo, a situação dos sem-abrigo ilustra massivamente a dimensão da desvantagem, mas implica, em graus variáveis, uma distinção em termos de aparência (dimensão da diferença), uma maior presença de problemas de saúde física e mental (dimensão da deficiência) e uma maior visibilidade de certos comportamentos descritos como incivil (dimensões de comportamentos problemáticos). Se analisarmos o caso dos problemas graves de saúde mental, os chamados "distúrbios graves e persistentes" na terminologia das políticas públicas, eles ilustram de forma esmagadora a dimensão da deficiência. Contudo, envolvem, em graus variáveis, uma situação de pobreza significativa, dificuldades de empregabilidade, precariedade residencial, isolamento social, etc. (a dimensão da desvantagem), por vezes particularidades com respeito à aparência e estilo de vida excêntrico (a dimensão da diferença), ou acções percebidas como preocupantes, ameaçadoras, perturbadoras, que põem em perigo a própria saúde, etc. (as dimensões dos comportamentos problemáticos): 1) sem apelar a qualquer grupo social que os encarna e que frequentemente representamos (literatura sociológica, romances, media, séries televisivas, etc.) pelos exemplos mais estereotipados e folclorizados (o sem-abrigo, a prostituta, o drogado, o "bs", o assassino em série, etc.) que produzem efeitos de amálgama com pesadas consequências não só para as vidas das pessoas em causa mas também para a compreensão geral da sociedade em que vivemos e 2) sem apelar a explicações essencialmente construtivas que não se baseiam no grupo social.) que produzem efeitos de amálgama com graves consequências não só para a vida das pessoas em causa, mas também para a compreensão geral da sociedade em que vivemos e 2) sem apelar a explicações essencialmente construtivistas ou reaccionárias que contornem a discussão substantiva sobre o universo do "que se coloca É um "problema" que deve ser enfrentado na prática e sobre o qual é necessário debater o conteúdo, as justificações, as inclusões, as exclusões, os desequilíbrios, a adequação das intervenções, etc. Parafraseando Emile Durkheim no seu argumento sobre a análise sociológica do crime, podemos dizer que existem problemas sociais, que não há sociedade sem problemas sociais e que estes não podem ser explicados pelas características psicológicas de certos grupos ou indivíduos.O apelo analítico para antecipar estas quatro dimensões socialmente problemáticas da desigualdade, aparência, disfunção e actuação também torna mais claro que experimentar problemas que afectam directamente uma pessoa ou outras em uma ou mais esferas da sua vida não significa que a dimensão em questão afecte todas as dimensões ou vida da pessoa, nem o faz de forma permanente. Esta forma de apreender "o que é problemático" permite libertar as dimensões não problemáticas do domínio do que é socialmente problemático, impedindo assim o processo de desumanização de certas pessoas com problemas graves, o que torna possível pôr em prática formas de intervenção agressivas, invasivas, desrespeitosas, infantilizantes, desprezíveis (leis específicas de certos grupos, tratamento diferenciado, desprezo institucionalizado, etc.) ou mesmo justifica a indiferença, a negligência e o abandono. A mudança do ângulo de análise a partir do universo dos problemas sociais de O termo "populações problemáticas" com "dimensões problematizadas" não significa a negação dos problemas que se tem de enfrentar como político, praticante, interveniente ou cidadão, mas a necessidade de os conceptualizar de forma diferente, enfatizando como ponto de partida o facto de os indivíduos em causa serem membros de pleno direito da sociedade porque estão enraizados em muitos graus e formas na mesma socialidade "não-problemática" comum, para o bem ou para o mal. De facto, o novo contexto social para pensar "o que é problemático", que temos caracterizado pela dupla injunção à singularidade (individualidade singular) e conformidade (individualidade social), envolve riscos e oportunidades que podem ser representados na forma clássica de dois pólos teóricos ideais: subjugação e subjectivação.O primeiro, o pólo da subjectividade, encarna esquematicamente a bem sucedida e completa interpelação social que preside à reprodução social não só das formas valorizadas, esperadas e mesmo institucionalizadas do que significa ser um indivíduo hoje em dia, mas também dos desequilíbrios acima salientados no que diz respeito às intervenções (renovação das desigualdades sociais e de saúde, distribuição desigual dos recursos, desequilíbrio injustificado entre coerção, assistência e aconselhamento dependendo do caso, etc.). O segundo, o pólo de subjectivação, refere-se à apresentação de outras possibilidades alternativas que se traduzem em diferentes formas de erosão das ordens simbólicas dominantes e fortes orientações normativas que reconduzem a individualidade social ordinária abrindo espaços de apropriação positiva, contestação, reivindicação, resistência, exigências de reconhecimento efectivo, ou mesmo "passagens a agir" inesperadas, imprevistas ou inovadoras.Nesta perspectiva binária e esquemática de subjectividade-subjectificação, podemos distinguir duas principais linhas de força contraditórias que testemunham a atracção estrutural de exigências sociais simultâneas de singularização e conformidade, especialmente quando se trata de estratégias de intervenção para problemas sociais num contexto de crescentes desigualdades sociais, de saúde e de esperança de vida que persistem há várias décadas. A primeira linha de força, bastante regressiva, é caracterizada por:

a) obsessões de estado com a saúde individual e populacional que esbatem as profundas clivagens sociais que lhes subjazem e que muitas vezes explicam;

b) preocupações éticas, morais e psicológicas que substituem as desigualdades gritantes na distribuição regressiva dos recursos materiais;

c) o enfoque psicológico no indivíduo como actor autónomo e responsável da sua trajectória de vida que esconde a desigualdade das suas posições iniciais.

Estas tendências significam que certos excessos, tais como a individualização, o empoderamento e a abordagem terapêutica, podem acompanhar, ou mesmo substituir, os benefícios esperados do empoderamento genuíno sinceramente reivindicado por muitos trabalhadores sociais e comunitários nas suas acções concretas e retórica proclamada pelas políticas sociais governamentais.

Quanto à segunda linha de força, bastante progressiva, é caracterizada por :

a) a consideração da individualidade da pessoa, frequentemente apagada em favor das características do seu grupo de referência (clientela), muitas vezes definidas pelas categorias administrativas das políticas governamentais, leituras sociológicas, criminológicas ou psicológicas clínicas, estereótipos veiculados pelos meios de comunicação social, etc. ;

b) o reconhecimento da dimensão da dignidade e do respeito dos indivíduos no âmbito de estratégias de intervenção relacionadas com situações de vida angustiantes, humilhantes, vulneráveis e humilhantes;

c) a abertura a novas formas de reconhecimento e a legitimação de reivindicações em campos, práticas, situações que anteriormente eram estigmatizadas, desprezadas, ou mesmo mal compreendidas e ignoradas.

Estas tendências reflectem a emergência, ou a legitimidade adquirida, de novas exigências e identidades sociais, bem como a rejeição de certas formas de sofrimento, desqualificação, insatisfação e desvalorização social, cultural, de género, sexual e moral que se tornaram intoleráveis. O objectivo deste projecto é melhorar a qualidade das políticas de intervenção social e enriquecer o leque de instrumentos utilizados pelos trabalhadores sociais, tornando mais flexíveis as suas dimensões coercivas, paternalistas, padronizadoras e redutoras. Se queremos mitigar as dinâmicas socialmente regressivas e apoiar as socialmente progressistas, parece-nos que a mudança teórica proposta na compreensão dos fenómenos problemáticos não conformes é necessária para contribuir para a renovação das actuais políticas sociais, práticas de intervenção e formas de ajuda que não atingem os seus objectivos. No entanto, é preciso lembrar que não se trata de regressar a um estado de coisas que foi frequentemente idealizado e que já não responde à dinâmica social contemporânea quando evocamos, por exemplo, a solidez estatutária associada ao velho pacto fordista, o estilo de crescimento sustentado dos Trinta Gloriosos, o carácter protector da família patriarcal e nuclear contra o isolamento social e a vulnerabilidade dos seus membros, ou o velho Estado Providência como um baluarte maciço contra a precariedade social.De facto, o estilo de desenvolvimento dos Glorious Thirty não é nem sustentável nem desejável, ainda que apenas em termos ecológicos, o estilo de vida estandardizado associado ao pacto fordista não era totalmente satisfatório para os trabalhadores, a família patriarcal e nuclear não permitia o equilíbrio existencial mínimo entre homens, mulheres e crianças, o Estado-providência protegia os cidadãos mas impunha lógicas burocráticas que hoje em dia se tornaram intoleráveis. Como Robert Castel, um autor insuspeito do neoliberalismo, menciona na sua análise da transformação da questão social: "Não se pode denunciar a hegemonia do Estado sobre a sociedade civil, o funcionamento burocrático e a ineficiência dos seus aparelhos, a abstracção do direito social e a sua impotência para criar solidariedades concretas e condenar as transformações que têm em conta a particularidade das situações e apelam à mobilização dos sujeitos. Isto seria uma pura perda, porque este movimento de individualização é sem dúvida irreversível" (Castel, 1995, p. 767). Como resultado, precisamos de tirar as consequências necessárias das deslocações, sobreposições e comutações na redistribuição de todas as dimensões que são mobilizadas para definir hoje não só os universos do "que é problemático", mas também do que se pode reivindicar e da natureza ou grau de desigualdades que se pode tolerar ou não. E, no mesmo movimento, "devemos tentar pensar em que protecções podem consistir numa sociedade que se está a tornar cada vez mais uma sociedade de indivíduos" (Castel, 1995. p. 749). A objectivação das diferenças, desvantagens, deficiências e comportamentos através da sua incorporação em categorias ou grupos de pessoas tem sido um procedimento comum, tanto para apreender (e pensar em) uma série de fenómenos problemáticos não conformes, como para operacionalizar e conceber estratégias para intervenções políticas, de advocacia, terapêuticas, etc. O objectivo das "dimensões problematizadas" é não só chegar a uma compreensão dos problemas sociais contemporâneos que tenha em conta as transformações sociais recentes, mas também contrariar as dinâmicas regressivas e capitalizar as dinâmicas progressivas a elas associadas. Isto é verdade tanto para o desenvolvimento de amplas políticas sociais como para a concepção de estratégias concretas de intervenção. O universo dos problemas sociais deve ser considerado como um campo de fenómenos, de práticas e de significados sempre em fronteiras "abertas" que se problematizam à sua vez, a fim de discutir em Permanência a arbitrariedade deste que temos chamado a necessidade de intervir "visceralmente" normativa, que naturaliza incessantemente as divisões entre o que é "problemático" e o que não é. Contudo, para a) a nível teórico: substituir a velha questão da "ordem social-desvio social" pelo casal mais amplo e abstracto "acção legítima-obstáculos à acção legítima", que se trata de discutir permanentemente para actualizar a classificação-declassificação do "que coloca um problema" de acordo com os processos, os contextos e os tempos; b) a nível empírico: dissociar o universo dos problemas sociais do seu conteúdo tradicional "desviante" (crime, alienação, marginalidade radical, anormalidade constitutiva, etc.)b) no campo empírico: dissociar o universo dos problemas sociais do seu conteúdo tradicional "desviante" (crime, alienação, marginalidade radical, anormalidade constitutiva, etc.).) que convida quase naturalmente a psiquiatria, criminologia, medicina, psicologia, etc. a assumir o campo, dividindo-o em zonas de caça disciplinar; c) a nível prático: libertando a expressão "problemas sociais" da sua associação implícita com o mandato governamental para identificar certos problemas em certas categorias de pessoas, apertando as intervenções em grupos específicos.Neste espírito, parece-nos necessária uma clarificação crítica relativamente à justificação dos numerosos e variados casos que constituem o universo do estudo "o que está errado", com o objectivo de realçar os desequilíbrios, desigualdades e irracionalidades na implementação da assistência, gestão e repressão de certos fenómenos, situações, comportamentos e atitudes designadas como problemáticas.

CAPÍTULO II. SÍNTESE GERAL DOS CONCEITOS-CHAVE

II.1. Informação geral sobre gestão

II.1.1. Definições de gestão

A gestão é a colocação em recursos humanos e materiais de uma empresa para alcançar os seus objectivos. Corresponde à ideia de optimização da gestão e da direcção[1] aplicada a uma empresa ou a uma unidade da mesma. Quando diz respeito a toda a empresa, pode geralmente ser equiparada à função de gestão (a "função administrativa" de H. Fayol). A gestão é aqui apresentada na sua versão predominante; existem outras formas, em particular em abordagens de governação partilhada.

A gestão consiste em:

- ✓ Estabelecer objectivos (estratégicos e operacionais),
- ✓ Escolher os meios para os conseguir,
- ✓ Implementar estes meios (procura de eficiência),
- ✓ Controlar a implementação e os resultados obtidos,
- ✓ Assegurar a regulamentação a partir deste controlo (Governação).

Inclui uma dimensão técnica (principalmente relacionada com a contabilidade de custos e métodos de controlo de gestão destinados a optimizar os recursos) e uma dimensão humana (relacionada com a necessidade de obter a motivação e cooperação dos membros da organização). As diferentes dimensões da gestão têm sido teorizadas através de teorias organizacionais. Segundo Mintzberg, a gestão envolve o cumprimento de dez funções básicas que podem ser divididas em três grupos. As funções interpessoais vêem o gestor como um modelo para os empregados, uma ligação externa e um líder; as funções de processamento de informação vêem o gestor como o centro nervoso do sistema de informação da organização; e as funções de tomada de decisão sugerem que o gestor está no centro do sistema de tomada de decisão para a atribuição de recursos organizacionais, melhorando o sistema global e regulando as perturbações. Devido à enorme carga de responsabilidade pelo funcionamento destes sistemas, o trabalho do gestor é frequentemente acelerado e caracterizado pela variedade, descontinuidade e brevidade. Por metonímia, o termo gestão refere-se também a todo o pessoal responsável de uma empresa ou organização, ou seja, as pessoas cuja tarefa é especificamente a gestão, e que são chamadas em francês "quadros", "directores", ou "gestionários".

II.1.2. Etimologia

"Manus - agere (agir), é inseparavelmente a mão e a acção. A utilização actual do termo "management" é um empréstimo directo do termo inglês "management". No entanto, o Oxford English Dictionary menciona que o verbo inglês "to manage" e o substantivo "management" são eles próprios derivados de um termo francês do século XVe , "mesnager", que significa em equitação "segurar as rédeas de um cavalo na mão". Este último termo provém do italiano "maneggiare", e do latim "manus": a mão. Em francês, o seu uso sobreviveu na palavra "manège" em equitação.Para Maurice Obadia, "a maioria das pessoas pensa, erradamente, ajudadas por uma pronúncia americana, que o termo gestão contém o homem radical, que estaria no centro da gestão. Mas é antes do lado do manus radical latino (a mão), que se deve olhar. O quadro etimológico permite-nos traçar as concepções de gestão: "Liderar com mão firme"; "Controlar a organização"; "Segurar a organização na mão"; "Mãos na organização" com os seus dois níveis; e o seu paternalismo e maternalismo; "Manipulação"; "Mãos ligadas".A palavra "gestão" foi reutilizada em França a partir dos anos 60, enquanto os autores franceses se esforçavam por encontrar um termo equivalente. No seu livro de 1916, Henri Fayol tinha falado de "Administração Geral" para designar a função e prática, na sua opinião, necessárias para gerir uma empresa. Em 1957, quando o livro de Peter Drucker "The Practice of Management" foi traduzido para francês, o tradutor, confrontado com a dificuldade de traduzir "gestor utiliza o termo "Direction des entreprises" (no título) ou "gouvernement" (quando se refere ao mundo das empresas muito grandes). De facto, a primeira revista de gestão foi intitulada "Direction et gestion des entreprises" (Direcção e Gestão de Empresas) em 1965.

II.1.3. Gestão ou gestão?

De acordo com o Jornal Oficial de 14 de Maio de 2005, o termo "gestão" é aceite em França pela DGLFLF. É também aceite pela Académie française desde o decreto de 12 de Janeiro de 1973 (Jornal Oficial de 18 de Janeiro de 1973), que especifica, no entanto, que deve ser pronunciado em francês (manaʒmã) e não em inglês (menedʒmənt). Por outro lado, o Office québécois de la langue française não recomenda a sua utilização no Canadá, onde os termos administração e gestão são recomendados. Isto porque a tradução literal do vernáculo corresponde a se débrouiller, como a frase How did you managed to fix your bike which means Comment t'es-tu débrouillé pour réparer ton vélo. Além disso, os termos "gestão e gestão" não são perfeitamente sinónimos em França, como os títulos dos manuais comummente utilizados parecem mostrar: Gestão refere-se antes a práticas e know-how associados à organização do trabalho e das relações humanas, com uma dimensão colectiva: gestão estratégica, gestão operacional, gestão de projectos, gestão participativa, etc. A gestão refere-se antes às técnicas frequentemente quantitativas de condução de negócios, com um objectivo de eficácia ou eficiência: gestão contabilística, gestão de activos, controlo de gestão, etc.

II.1.4. Estado epistemológico e bidimensionalidade

II.1.4.1. Estado epistemológico

O conceito de gestão descreve um conjunto de métodos de organização e gestão. A questão relativa à natureza desta disciplina leva-nos a considerar as suas duas dimensões: uma orientada para a gestão de uma entidade inteira (gestão estratégica e operacional) e a outra centrada na gestão de uma equipa de pessoas que devem trabalhar em conjunto (gestão de equipa).

II.1.4.2. Duas dimensões

A gestão é um conceito bidimensional. Desde Elton Mayo, depois Rensis Likert, depois Robert Blake e Jane Mouton destacaram e formalizaram nos anos sessenta as duas dimensões da liderança e correlativamente as três dimensões do comportamento de trabalho a ter em conta pela gestão, devemos entender a gestão como um conceito com duas dimensões:

- ✓ **Uma dimensão técnica centrada na optimização dos recursos**
- ✓ **Uma dimensão humana**

Isto é ilustrado pelo subtítulo do manual por Nicole Aubert e co-autores: Direcção. Aspectos humanos e organizacionais. Christian Thuderoz chega à mesma conclusão, seguindo um raciocínio etimológico à la Goropius, se non è vero, è bene trovato. Outro exemplo é dado por Stephen Robbins, e os seus best-sellers mundiais. Dois livros: Management and Organizational Behavior (Gestão e Comportamento Organizacional). Eles sobrepõem-se, mas cada um analisa uma das duas dimensões da gestão.

II.1.4.3. O que é a gestão?

Para alguns, deve ser feita uma distinção radical entre gerir uma organização e gerir uma equipa (nunca mais de 20 membros). Dependendo do nível hierárquico e do horizonte temporal de aplicação, podemos distinguir: gestão estratégica, ao nível da gestão geral, cujas decisões se aplicam a longo prazo, e gestão operacional, ao nível da equipa de execução, cujas decisões se aplicam a curto prazo.as definições de gestão que são dadas dizem geralmente respeito à gestão a longo prazo da empresa pela gestão geral.definições múltiplas e contraditórias As definições de gestão empresarial na literatura académica são múltiplas e contraditórias:

- ✓ De acordo com Frederick Taylor (1890): "Uma revolução mental".
- ✓ De acordo com Fayol (1916): "É previsão, organização, comando, coordenação, controlo".
- ✓ De acordo com Luther Gulik (1937): "POSDCORB". Planeamento, organização, pessoal, direcção, coordenação, relatórios, elaboração de orçamentos".
- ✓ De acordo com William Newman e E. Kirby Warren (1961): "A gestão é o conjunto de métodos que permitem a transformação dos recursos disponíveis para uma organização, dinheiro, material e homens, em produtos e serviços".
- ✓ De acordo com Marvin Bower (1968): "A gestão quer gerir através de um sistema de gestão programado".
- ✓ De acordo com Peter Drucker (1989): "A gestão é algo que se relaciona com os seres humanos. A sua tarefa, o seu dever, é tornar as pessoas capazes de produzir um resultado comum, de tornar as suas capacidades eficazes, e de tornar as suas fraquezas irrelevantes".
- ✓ De acordo com Henry Mintzberg (1989): "Os processos pelos quais aqueles que têm responsabilidade formal por toda ou parte da organização tentam dirigi-la, ou pelo menos orientá-la nas suas actividades.
- ✓ De acordo com Jean-Pierre Le Goff (1993): "A gestão é um conceito global e vago. Pode referir-se a funções de gestão, ser sinónimo de organização do trabalho, mobilização e gestão do
"O termo "recursos humanos" é utilizado para cobrir quase todas as actividades da empresa que não estão directamente relacionadas com a tecnologia: gestão diária de todo o tipo de problemas num departamento ou oficina, supervisão e mobilização de uma equipa, relações com outros sectores da empresa, organização e gestão do tempo, e até gestão orçamental...
- ✓ De acordo com François Dupuy, sociólogo (2011): "A definição mais simples e mais reveladora do que chamamos 'gestão' é [o facto] de que as coisas funcionam como deveriam e [que] as pessoas fazem o que gostaríamos que fizessem".
- ✓ De acordo com Paul Hersey, Kenneth Blanchard, Dewey Johnson (2012), "A gestão é o processo de trabalhar e utilizar indivíduos e grupos e outros recursos (tais como equipamento, capital e tecnologia) para alcançar os objectivos da organização".
- ✓ De acordo com Raymond-Alain Thietart (2012): "Um conjunto de intenções (planeamento), transformado em acção por uma burocracia (organização) e actores (activação), acções reguladas por um sistema de direcção (controlo).
- ✓ De acordo com Jean-Luc Charron et al (2014): "A gestão é definida como todas as técnicas organizacionais e de gestão para liderar e dirigir as acções dos indivíduos.

✓ A sua utilização [...] em relação ao termo gestão enfatiza a arte de liderar, de orientar as pessoas para optimizar os recursos, procurando eficácia e eficiência em todos os aspectos da gestão de recursos recursos humanos. Procura orientá-los da melhor forma possível [...] gerindo todas as dimensões do factor "trabalho" e do factor "conhecimento".

✓ Procura eficácia e eficiência no recrutamento, carreiras, mobilidade, remuneração, gestão [destes] através de formação, motivação e participação, comunicação e relações sociais.

✓ De acordo com Maurice Thévenet (2014): "A gestão consiste em assegurar a eficácia de uma acção colectiva".

✓ Segundo Stephen Robbins, David DeCenzo, Mary Coulter, e Charles-Clemens Rüling (2014), "o processo pelo qual os resultados são alcançados de forma eficaz e eficiente, através e com a cooperação de outros".

✓ De acordo com François Dupuy (2015): "A gestão é uma disciplina, uma arte, que os optimistas nos querem fazer acreditar, enquadrada por instituições que desenvolvem os métodos e conceptualizam as práticas [...]".

✓ De acordo com Ghislain Deslandes (2016), a gestão nas organizações é definida como "uma força vulnerável sujeita à pressão do número e dotada de um triplo poder de constrangimento, imitação e imaginação exercida a nível subjectivo, interpessoal, institucional e ambiental".

II.2. Diferentes tipos de gestão

II.2.1. Gestão colaborativa

Este é um novo estilo de gestão emergente que é cada vez mais adoptado nas empresas, especialmente as construídas sobre o modelo de arranque, que quebra os códigos e a organização hierárquica piramidal ao assumir que as opiniões, pontos de vista e conhecimentos de todos os membros de uma equipa são interessantes. Este tipo de gestão coloca o funcionário no centro da empresa, a fim de avançar para um processo de complementaridade e ganhos de eficiência. É também denominada gestão consensual. Em particular, permite-nos trabalhar na coesão da equipa e, portanto, na optimização dos resultados e da eficiência. Este novo método de gestão horizontal, que teve origem nas start-ups de alta tecnologia do Silicon Valley, e que transforma completamente os métodos tradicionais de gestão, começa a ser adoptado por cada vez mais grandes grupos, tais como o Spotify. É frequentemente caracterizado por métodos ágeis.

II.2.2. Gestão constitucional

Anthony J. Evans traça um paralelo entre o funcionamento dos estados e das empresas. Ela observa que embora os momentos em que a estrutura de poder de um estado reflecte e funda a sua constituição sejam relativamente raros, o mesmo não se passa com as empresas. Ela considera que três ordens de decisão devem ser consideradas: decisões operacionais, decisões institucionais e decisões constitucionais. As decisões constitucionais são aquelas que especificam a forma como as decisões serão tomadas. São, portanto, o fundamento das outras duas. Numa abordagem antropológica, ela está interessada nos momentos constitucionais da vida da empresa, ou seja, nos momentos em que a empresa congela ou questiona a forma como as decisões serão tomadas dentro dela. "A constituição é assim o dispositivo em torno do qual os membros de uma organização se coordenam, e dentro do qual os empresários podem dirigir a empresa. Estabelece os constrangimentos dentro dos quais eles permitem voluntariamente que os seus recursos sejam geridos. Mas, acima de tudo, vai além de explicar as regras pelas quais operam, para estudar as regras pelas quais as regras mudam: "Gore-tex e Morningstar são conhecidos por terem este tipo de gestão. No caso desta última, a sua gestão baseia-se em princípios e condições fundamentais, todos formalizados num documento partilhado com todos os funcionários. Bernard Marie Chiquet define uma gestão constitucional formalizada: "A gestão constitucional nada mais é do que um sistema de gestão em que aqueles que têm o poder, na maioria das vezes os líderes, adoptam uma constituição para a organização, que rege a forma como o poder é exercido através de regras e processos que se aplicam a todos, incluindo a si próprios. Este sistema permite passar do poder hierárquico ao poder constitucional, que é regulado e distribuído de acordo com as regras do direito definidas na constituição escolhida. Cada pessoa torna-se titular de certos poderes de acordo com as suas funções, que são enquadrados e limitados por políticas que são vinculativas para todos.

II.2.3. Gestão celular

É uma forma de gerir uma empresa sem hierarquia. É uma forma de gestão sem gestores. Todos os empregados estão em pé de igualdade. O recrutamento é feito de uma forma colaborativa e uma pessoa escolhida pela equipa é nomeada como referência. Este novo sistema de gestão permite que os funcionários assumam mais responsabilidade e iniciativa.

II.2.4. Gestão e Liderança

Os termos "gestão" e "liderança" têm uma relação de enantiosemia, ou seja, uma categoria linguística bastante singular de palavras que são, dependendo do contexto, quer sinónimos quer antónimos: "estilos de gestão", "estilos de liderança", "estilos de comando", etc., são sinónimos. Usados "absolutamente", ou seja, sozinhos, ou usados na forma "gerente" e "líder" são antónimos a que quase todos os autores (Warren Bennis, Kenneth Blanchard, Craig Hickman, etc.) se opõem de uma forma dicotómica. A raiz desta enantiosemia é que o conceito de liderança é duplo, é tanto uma relação de poder como uma relação de confiança; e que, simultaneamente, a gestão é também um conceito bidimensional, com duas dimensões, destacado por Rensis Likert e formalizado por Robert Blake e Jane Mouton na sua Grelha Gerencial, de facto um paradigma os de interesse nas pessoas pela sua felicidade, ou seja, o lado motivacional, e o entusiasmo e interesse nos resultados para a eficiência e eficácia, por outro lado Os dois termos extremos: poder e eficiência são antónimos. Os dois termos médios: confiança e felicidade (ver Zappos, por exemplo) são sinónimos.

II.2.5. A gestão comparada com a liderança

John Kotter compara a gestão à liderança:

Actividade	Gestão	Liderança
1.Criação do calendário | de um	Planeamento e orçamentação	Indica a direcção
2. Criação de uma rede humana	Organização e recrutamento	Cooperação de coligação | e
3. Execução	Controlo e resolução de problemas	Motiva e inspira
4. Resultados	Produção esperada | de | resultado s	Mudança de produto | a partir de

II.2.6. Gestores versus líderes

A oposição entre gestores e líderes é formalizada por Warren Bennis.

O gerente	O líder
O director-geral	O líder inova
O gerente é uma cópia	O líder é um original
O gestor gere os negócios do dia-a-dia	O líder desenvolve inovações
O gestor concentra-se nos sistemas e estruturas	O líder concentra-se nas pessoas
O gestor utiliza o comando	O líder inspira confiança
O gestor tem uma visão de curto prazo	O líder tem uma perspectiva a longo prazo
O gestor pergunta como e quando	Leleader pergunta o quê e porquêi
O gestor mantém um olho nos resultados	O líder mantém um olho no horizonte
O gerente imita	O líder cria
O gestor aceita o status quo	O líder desafia-o
O gerente é a imagem clássica do bom soldado	O líder é ele próprio
O gestor faz o que tem a fazer	O líder faz a coisa certa

II.3. História da gestão

Mesmo se a realização de acções colectivas existe desde o início da sociedade humana, a formalização da gestão é relativamente recente, tendo começado entre 1880 e 1920, quando apareceu a figura do gestor assalariado. Até então, desde a revolução industrial, os gestores de empresas eram essencialmente empresários ou seus herdeiros. Contudo, alguns destes herdeiros preferiram delegar a gestão das suas empresas a empregados formados para a ocasião, o que levou à publicação das primeiras obras especializadas. [e]No final do século XIX, Frederick Taylor propôs o conceito de organização científica do trabalho, baseado na decomposição do trabalho em gestos elementares, temporizados e racionalmente organizados para formar uma linha de produção. Taylor queria aplicar os princípios gerais da melhoria da produtividade através da divisão do trabalho à empresa que Adam Smith tinha enfatizado (antes dele Plato50 a nível da sociedade). Ao mesmo tempo, Henri Fayol propôs uma abordagem semelhante, com a mesma preocupação de precisão e racionalidade, à administração e organização burocrática. Ele compreendeu que o preço dos fornecimentos, a fiabilidade das ferramentas, a disposição dos locais de trabalho e a qualidade da gestão eram tão importantes como a quantidade produzida pela empresa. A isto se chama gestão moderna, que era então e ainda hoje é a base de todos os manuais de gestão. Traz os conceitos de sistematização do trabalho do líder, desde a previsão até ao controlo por via da decisão. Os princípios de gestão são então reconhecidos: organizar, comandar, coordenar e controlar. Actualmente, estes termos são mais comummente reconhecidos no PODC: "Planear, Organizar, Dirigir e Controlar" (ver Roda de Deming). A partir da década de 1920, o factor humano tornou-se um tema de investigação para a gestão. Mary Parker Follett introduziu-o no pensamento gerencial.Depois dos anos 30, com o trabalho de Elton Mayo em particular, a gestão foi inspirada pela psicologia com a consideração do efeito Hawthorne (o efeito psicológico de ser objecto de atenção especial). Nos anos 50, o trabalho de Douglas McGregor em psicologia social, que propôs a sua Teoria X e Teoria Y sobre as motivações dos actores e organizações, o de Herbert Simon, que aprofundou o processo de tomada de decisões através de uma racionalidade limitada, e o de James March e Richard Cyert sobre a teoria do comportamento, completaram estas abordagens iniciais. A análise do poder por sociólogos como Max Weber e Michel Crozier, e depois da estratégia empresarial (sendo a gestão estratégica oposta, com um limite poroso, à gestão operacional) tornou-se finalmente temas de gestão que autores como Peter Drucker, Henry Mintzberg e Michael Porter, entre outros, ajudaram a explorar. As abordagens epistemológicas à gestão diversificaram-se, de facto, durante o mesmo período, pelo que é possível aprofundar esta história de gestão, distinguindo arbitrariamente dois modos de abordagem da gestão que se complementam nos artigos detalhados seguintes:

- ✓ A economia das organizações que deriva da economia geral.
- ✓ A sociologia das organizações para todas as abordagens que são menos fáceis de modelar.

A gestão incluindo estes dois domínios procura por esta mistura aproximar-se nem sempre de um modelo padrão de empresa, mas muitas vezes finalmente de ferramentas de gestão que permitam melhorar a organização. A gestão não pode ser reduzida à gestão de recursos humanos, mas sim, mais globalmente, à gestão da organização. [e]Foi também no início do século XX que foi criada a maioria das escolas de negócios concebidas para formar estes executivos assalariados, primeiro em França (a ESCP, fundada em 1819, foi comprada em 1869 pela Câmara de Comércio e Indústria de Paris, e as escolas em Le Havre e Rouen foram criadas em 1871, HEC em 1881, EDHEC em 1906 e ESSEC em 1907), depois nos Estados Unidos (Tuck School of Business em 1900, Harvard Business School em 1908) e no Canadá (Faculdade de Comércio da Universidade McGill em 1906, HEC Montreal em 1907).

II.3.1. Frederick Taylor

Em 1911, o engenheiro americano Frederick Taylor propôs o conceito de organização científica do trabalho a fim de melhorar a produtividade nas fábricas, particularmente para o trabalho em máquinas-ferramentas. A ideia era decompor o trabalho em gestos elementares que fossem temporizados e racionalmente organizados. Uma vez obtido o método óptimo (a que Taylor chama a melhor forma), este pode ser ensinado a todos os trabalhadores. Esta divisão vertical do trabalho não deve ser confundida com a divisão horizontal do trabalho, que consiste em especializar indivíduos numa tarefa específica, como defendido por Adam Smith em 1776 (e antes dele por Platão a nível da sociedade).Taylor não foi, portanto, o inventor do trabalho de linha de montagem, que foi implantado em grande escala a partir de 1912 por Henry Ford, combinando a divisão vertical das tarefas do Taylorismo com a divisão horizontal do trabalho de Smith.

II.3.2. Henry Ford

Em 1912, inspirado pela organização do trabalho num matadouro de Chicago, o empresário Henry Ford decidiu combinar a separação entre a concepção e a execução de tarefas, resultante do Taylorismo, com a especialização muito forte de tarefas, resultante de Adam Smith. Foi assim que nasceu a linha de montagem. Embora os irmãos Dodge já tivessem experimentado esta abordagem alguns anos antes, o primeiro carro a ser construído em grandes séries numa linha de montagem foi o Ford Modelo T. O empobrecimento das competências que resultou desta nova organização do trabalho forçou a Ford a aumentar acentuadamente os salários para continuar a atrair trabalhadores. Ao mesmo tempo, este aumento deu aos trabalhadores um maior poder de compra, e eventualmente puderam comprar os carros que produziram. André Citroën visitou as fábricas da Ford em Detroit já em 1912 e importou esta abordagem para França, primeiro para fabricar conchas durante a Primeira Guerra Mundial, depois para fabricar automóveis. Foi seguido pouco depois por Louis Renault.

II.3.3. Henri Fayol

Em 1916, no seu livro intitulado Administration industrielle et générale (1916), Henri Fayol, antigo director-geral de uma empresa siderúrgica e antigo consultor, apresenta a gestão (que ele chama
A "função administrativa" ou "administração") como uma função transversal que engloba cinco tarefas principais:

✓ Função técnica: produzir, transformar e fabricar;

✓ Função comercial: compra, venda e troca;

✓ Função financeira: procurar e optimizar a utilização do capital ;

✓ Função de segurança: protecção de pessoas e bens; estabelecimento de boas condições de trabalho

✓ Função de contabilidade: cálculo de salários e estatísticas (inventário de bens e bens).

De acordo com Fayol, a "função administrativa" pode ser resumida em cinco infinitivos "POCCC":

✓ Plano.

✓ Organizar.

✓ Encomendas.

✓ Coordenar.

✓ Verificar.

Estes princípios de gestão foram retomados e simplificados por analistas de qualidade (ver Roda Deming) sob a sigla "PODC": "Plano". Organizar. Liderar. O livro de Fayol é também o primeiro a apresentar conceitos fundamentais, tais como :

✓ O organigrama, com a ideia de que não deve haver mais de sete subordinados por superior e um superior por subordinado (unidade de comando)

✓ O planeamento orçamental, que permite a divisão do trabalho e da ordem material e moral

✓ A cultura empresarial, com a subordinação de interesses particulares aos interesses da empresa

✓ Encorajar a iniciativa individual

✓ A necessidade de uma compensação justa

I.3.4. Max Weber

Alfred Sloan, um engenheiro formado pelo Massachusetts Institute of Technology, tornou-se presidente da General Motors em 1923, uma empresa que dirigiu até 1956. A fim de competir com a sua grande concorrente Ford, que na altura estava organizada de acordo com uma estrutura funcional (o pessoal estava dividido em grandes funções verticais: design, produção, marketing, etc.), Sloan desenvolveu uma estrutura divisional: reorganizou a General Motors em torno de divisões transversais mais ou menos autónomas. Cada uma das marcas da General Motors (Chevrolet, Pontiac, Oldsmobile, Buick e Cadillac) tornaram-se divisões com os seus próprios departamentos de design, fábricas e redes de distribuição. Enquanto a Ford produzia um único modelo, o Ford T, numa escala muito grande, a carteira de marcas da General Motors foi concebida para acompanhar os clientes na sua subida na escala social, desde os veículos mais populares (Chevrolet) até aos mais luxuosos (Cadillac), evitando assim a concorrência entre as divisões. Esta organização foi muito bem sucedida e permitiu à General Motors ultrapassar a Ford na década de 1930, e mesmo tornar-se a maior empresa industrial do mundo durante décadas. Entre os anos 1940 e 1970, particularmente sob o impulso da empresa de consultoria McKinsey, a estrutura divisional foi adoptada pela maioria das principais empresas mundiais. Em 1952, a escola de negócios do Massachusetts Institute of Technology foi rebaptizada Sloan School of Management em honra de Alfred Sloan. Em 1967, as suas memórias foram traduzidas para francês.

II.3.5. Charles Bedaux

Um francês autodidacta que emigrou para os Estados Unidos, Charles Bedaux publicou um livro sobre a melhoria da produtividade no local de trabalho, The Bedaux Efficiency Course for Industrial Application, em 1917. Após o sucesso deste livro, a Bedaux fundou uma empresa de consultoria de engenharia. O seu método consistia em medir o trabalho em unidades elementares (unidades Bedaux), que eram então contadas para estabelecer a remuneração dos operadores através de um sistema de bónus. Este sistema foi muito bem sucedido. A firma Bedaux trabalhou para grandes empresas americanas, incluindo a Ford e a Standard Oil, onde competia com a organização científica de trabalho da Taylor. Ao mesmo tempo, a Bedaux abriu escritórios em muitos países europeus. Na década de 1920, o sistema Bedaux foi utilizado num grande número de empresas, particularmente na indústria mineira, onde era utilizado para calcular os salários por tarefa. Contudo, devido à atitude controversa de Charles Bedaux durante a Segunda Guerra Mundial, o seu sistema foi abandonado na Libertação.

II.3.6. Chester Barnard (Presidente do Sino de 1937 a 1950)

Presidente da New Jersey Bell Telephone Company de 1927, Chester Barnard publicou The Function of the Executive em 1938, um livro em que insistia na necessidade de cooperação dentro das organizações. Segundo ele, para assegurar esta cooperação, o líder deve antes de mais definir objectivos que sejam conhecidos por todos e estabelecer um sistema de comunicação interna que seja o mais claro possível. Nisto, concorda com alguns dos princípios estabelecidos por Henri Fayol. Barnard também se concentrou na autoridade e motivação, em consonância com o trabalho de Mary Parker Follett. Nas décadas de 1940 e 1950, Barnard presidiu a várias organizações de investigação americanas (incluindo a Fundação Rockefeller e a National Science Foundation).

II.3.7. Fontes de gestão

Como conduta de acção colectiva, a direcção retira as suas fontes de vários campos do conhecimento:

✓ Psicologia, através da escola de relações humanas (nomeadamente Elton Mayo ou Abraham Maslow) e o trabalho no comportamento organizacional.

✓ A sociologia, especialmente a sociologia das organizações, com autores como Max Weber ou Michel Crozier.

✓ Teoria da organização, com Herbert Simon, James March, Peter Drucker ou Henry Mintzberg.

✓ Microeconomia, com por exemplo o trabalho de Albert Hirschman.

II.4. Comportamento organizacional

Em geral, a investigação em gestão mais próxima da psicologia está agrupada sob o título de comportamento organizacional e centra-se na motivação e autoridade.A partir dos anos 20, Mary Parker Follett introduziu o factor humano no pensamento de gestão.Nos anos 30, Elton Mayo definiu o efeito Hawthorne (sendo objecto de atenção especial tem uma influência significativa no comportamento dos indivíduos no trabalho). Mayo tornou-se assim o precursor do que é conhecido como a escola das relações humanas, que se concentra nas relações entre indivíduos dentro das organizações. Nos anos 40, a fim de melhor estudar a motivação dos indivíduos no trabalho, Abraham Maslow estabeleceu uma hierarquia das necessidades humanas. Segundo ele, existem cinco níveis de necessidades, aparecendo cada nível quando o anterior foi satisfeito:

✓ Necessidades fisiológicas

✓ Necessidades de segurança

✓ Necessidades sociais ou de pertença

✓ Necessidades de estima

✓ Necessidades de auto-atualização

Esta hierarquia de necessidades foi posteriormente representada sob a forma de uma pirâmide (conhecida como a pirâmide de Maslow ou pirâmide de necessidades), mas esta representação dá uma visão demasiado simplista, mesmo errónea, do modelo de Maslow: a pirâmide está fechada (o que implica a possibilidade de satisfazer todas as necessidades), as necessidades parecem ser cada vez menos importantes (enquanto as necessidades fisiológicas são as mais facilmente satisfeitas), a transição de uma necessidade para a seguinte é demasiado abrupta, e apenas uma necessidade pode ser motivadora de cada vez. No entanto, esta representação em pirâmide tem sido amplamente utilizada nas empresas, porque sugere que seria suficiente identificar a categoria de necessidade sentida por um empregado para despertar mecanicamente a sua motivação. A realidade (e o próprio modelo de Maslow) é obviamente mais complexa. Nos anos 60, Frederick Herzberg mostrou a diferença entre aquilo a que chamou factores motivacionais (que aumentam a motivação: interesse na tarefa, consideração) e factores de higiene (que reduzem a insatisfação: condições de trabalho, salário). Estas duas séries de factores foram posteriormente renomeadas como motivação intrínseca e motivação extrínseca e estudadas por psicólogos tais como Edward Deci.

II.4.1. Sociologia das organizações

Os fenómenos de poder dentro das organizações têm sido estudados por sociólogos como Max Weber e Michel Crozier.Em 1921, no seu trabalho póstumo Economia e Sociedade, o economista e sociólogo alemão Max Weber apresentou a burocracia como uma forma de organização caracterizada pelo respeito de procedimentos racionais: recrutamento com base na competência, definição precisa das esferas de responsabilidade de cada cargo, independentemente da pessoa que o ocupa, submissão à autoridade no quadro estrito da função, remuneração de acordo com o grau, promoção por antiguidade ou por competição, controlo estrito das actividades. Uma vez que estes procedimentos se aplicam a todos, incluindo os dirigentes, a burocracia pode ser vista como um baluarte contra o abuso de poder, a arbitrariedade ou o nepotismo. Contudo, enquanto Weber enfatiza a superioridade da burocracia sobre os modos tradicionais de organização, ele também assinala que ela pode asfixiar a iniciativa e, em última análise, ameaçar a dinâmica do capitalismo. No seu livro Le phénomène bureaucratique, publicado em 1964, o sociólogo francês Michel Crozier mostra que a burocracia racional descrita por Max Weber é de facto disfuncional, devido às estratégias postas em prática pelos actores para assegurar o seu poder. Crozier continuou esta demonstração no livro que publicou com Erhard Friedberg em 1977, L'acteur et le système. Este trabalho apresenta a teoria do actor estratégico, segundo a qual os membros de uma organização se desviam significativamente do seu papel oficial, a fim de criar ou preservar zonas de incerteza que constituem tantas margens de negociação nas relações de poder. Um técnico pode assim procurar ocultar as instruções de utilização de uma máquina para ser o único a saber como operá-la. Da mesma forma, a aplicação mais ou menos rigorosa das regras, bem como a escolha entre várias regras aplicáveis, permite aos actores ter um poder que não está formalmente previsto pela organização. Tudo isto leva a questionar a legitimidade racional da burocracia.

II.4.2. Teoria da organização

Em 1947, no seu livro Administrative Behaviour, o economista e sociólogo americano Herbert Simon demonstrou que a racionalidade absoluta dos indivíduos, um dos pressupostos fundamentais das teorias económicas clássicas (que postulam a capacidade dos agentes económicos de determinarem soluções óptimas a fim de maximizar a sua utilidade marginal) é um mito. Propõe uma visão mais realista, uma racionalidade limitada, que resulta de uma série de preconceitos cognitivos e que leva à obtenção de soluções satisfatórias. Pelo seu trabalho, Simon recebeu o "Prémio Nobel" em economia em 1978. Em 1958, James March, professor na Universidade de Stanford, publicou com Herbert Simon o livro Organizations, que define uma organização como "um conjunto de indivíduos ou grupos de indivíduos com um objectivo colectivo, mas cujas preferências, informação, interesses e conhecimentos podem diferir.March publicou então uma teoria comportamental da empresa com Richard Cyert em 1963, que descreve os limites da racionalidade nas organizações: em vez de funcionarem harmoniosa e cooperativamente, são constituídas por subconjuntos que na maioria das vezes procuram aplicar rotinas pré-estabelecidas e evacuar os problemas levantados pela sua hierarquia. No entanto, conseguem funcionar porque têm um excedente de recursos, chamado slack. Para Março, uma organização que funciona bem tem uma redundância de competências comuns e os líderes têm essencialmente um papel representativo.Finalmente, em 1972, com Johan Olsen e Michael Cohen, Março definiu a teoria do caixote do lixo, que mostra que dentro das organizações descritas como anarquias organizadas, as decisões resultam do encontro fortuito entre quatro fluxos: oportunidades de escolha, participantes, fornecedores de problemas e fornecedores de soluções prontas. Na continuidade do trabalho de Herbert Simon, este modelo é radicalmente oposto à noção de racionalidade absoluta e postula, pelo contrário, que as decisões são na maioria das vezes o resultado do acaso. D. em Direito, Peter Drucker, um austríaco americano naturalizado, tornou-se consultor de Alfred Sloan na General Motors durante a Segunda Guerra Mundial. Começou então uma longa carreira como consultor de gestão e organização para as maiores empresas americanas, o que o levou a escrever numerosos livros, incluindo Concept of the Corporation, The Practice of Management em 1954 e The Effective Executive em 1966. Para Drucker, a prosperidade da sociedade americana explica-se pelo desenvolvimento da gestão, que ele considera ser um humanismo e uma arte liberal. Marcado pelo nazismo na sua juventude, ele também acredita que é melhor confiar na iniciativa dos líderes empresariais do que nas estruturas estatais. Engenheiro de formação, o canadiano Henry Mintzberg defendeu a sua tese de doutoramento em gestão na Sloan School of Management do Massachusetts Institute of Technology, em 1964. Na sua dissertação, cronometrou o trabalho de gestores e executivos para descrever a natureza exacta das suas tarefas, que eram marcadas pela fragmentação, imprevisibilidade e descontinuidade.Em 1979, no seu livro Estrutura e Dinâmica das Organizações, propôs uma tipologia de organizações baseada em mecanismos de coordenação de tarefas (ver a secção Organização).Depois interessou-se pelo poder nas organizações, depois pela estratégia empresarial e pela formação em gestão, o que o levou a criticar os programas de MBA das principais universidades americanas, particularmente o da Harvard Business School.Em 2014, publicou Manager - L'essentiel, um livro em que faz a abordagem da sua dissertação de doutoramento para observar de perto as tarefas de uma série de líderes.[e] Em 2011, François Dupuy (nascido em 1947), sociólogo organizacional, mostra no seu livro Lost in management que as empresas estão, no início do século XXI, no processo de perder o controlo de si próprias quando o poder é disperso para os intermediários e os executores. Impulsionados pela concorrência, os gestores estão a tentar recuperar o controlo implementando "processos" e "relatórios", produzindo o oposto do efeito esperado: quanto mais decisões são multiplicadas, menos controlo existe. No seu inquérito, mostra que em muitas empresas, o problema hoje em dia é reconstruir um controlo mínimo da gestão e dos seus gestores sobre a organização e o seu pessoal.Na sequência, La Faillite de la pensée managériale (2015), ele propõe-se desmantelar os mecanismos do empobrecimento do pensamento gerencial e mostrar a extensão das consequências para as empresas, em particular devido ao desconhecimento persistente das realizações das ciências sociais.A economia organizacional tenta ligar as organizações à economia geral. A microeconomia parte de uma análise dos mercados, ou mesmo de estudos de mercado, dos quais deduz funções matemáticas. Procura especificar as condições de equilíbrio da oferta e da procura no mercado utilizando ferramentas matemáticas, tendo em conta a racionalidade limitada dos actores em situações de mercado. Está principalmente situado fora da empresa, que é apenas um actor no mercado. Como Henry Mintzberg salientou, quanto mais reais as situações se tornam, mais intenso, longo e dispendioso deve ser o trabalho matemático, o que é o oposto da intenção de gestão. Esta última situa-se na empresa, que é uma questão de gerir de forma óptima, mesmo que Herbert Simon tenha demonstrado que esta procura de optimização faz parte de uma racionalidade limitada. O facto é que a microeconomia pode continuar a ser uma ferramenta para empresas muito grandes e, sobretudo, para o Estado, que procura realizar estudos específicos baseados em estudos de mercado, que permitem depois desenvolver certas funções que explicam as alterações dos preços e das quantidades produzidas e comercializadas. Fayol foi o primeiro a decompor a função administrativa (gestão) em "elementos" que depois foram chamados "funções" de gestão (planeamento, organização, etc.) que devem ser distinguidas das funções da empresa (produção, marketing, finanças, recursos humanos, etc.), distinguiu, após reflexão (o comando é ou não um elemento da administração?), 5 elementos. Muitos autores vêem apenas quatro. Um autor vê sete. Mas, um facto bastante excepcional trouxe alguma confusão neste campo: o seu livro na edição Dunod de 1970 com tabelas dobráveis em cores muito úteis para compreender a importância relativa das várias capacidades necessárias às diferentes categorias de agentes: accionistas, conselho de administração, administração e seu pessoal, chefes de departamento, chefes de divisão, etc.; até aos trabalhadores, empregados, ajudantes e guardas de uma grande empresa é muito difícil de consultar. O trabalho colectivo de Nicole Aubert et al, Management, PUF, 1991, refere-se à edição de 1979. Para Fayol, "visão" consiste em estabelecer objectivos e determinar as acções que permitirão alcançá-los (a serem comparados com a noção moderna de estratégia empresarial).A segunda função de gestão, organização, consiste em especializar indivíduos (por função, por produto, por cliente, por área geográfica, por tempo de trabalho, por processo, etc.) e coordenar as suas actividades (através da hierarquia, procedimentos, orçamentos, qualificação, colaboração). Deve, portanto, ter legitimidade suficiente aos seus olhos para aceitar a sua autoridade, para assegurar a sua motivação e para poder orientar o seu trabalho colectivo na direcção dos objectivos que foram definidos. Poder (analisado em particular pela sociologia das organizações), motivação (analisada em particular pelo comportamento organizacional) e racionalidade (analisada em particular pela teoria das organizações) são, portanto, componentes essenciais do trabalho do gestor. Segundo Henri Fayol, o grande líder empresarial deve possuir as seguintes qualidades

- ✓ Físico: saúde, vigor, habilidade.
- ✓ Mental: capacidade de compreender e aprender, julgamento, prontidão, adaptabilidade.
- ✓ Moral: energia, firmeza, vontade de aceitar responsabilidade, iniciativa, lealdade, tacto, dignidade.
- ✓ Educação: conhecimentos gerais sobre temas não exclusivamente relacionados com as funções desempenhadas.
- ✓ Administrativo (POCCC).
- ✓ Técnica: específica para a função desempenhada.
- ✓ Experiência: a partir do trabalho realizado.

Para Henri Fayol, "coordenar é pôr harmonia entre todos os actos de uma empresa de modo a facilitar o seu funcionamento e sucesso; é, em suma, dar às coisas e agir nas proporções adequadas, adaptar os meios ao objectivo. 87 Para o efeito, estabeleceu uma série de princípios para as tarefas de coordenação:Autoridade - Responsabilidade: o direito de comandar e o poder a ser obedecido. Unidade de comando: para qualquer acção, um agente não deve receber ordens de apenas um líder. Unidade de direcção: um líder e um programa para um conjunto de operações com o mesmo objectivo. Subordinação de interesses particulares ao interesse geral Disciplina: obediência, assistência, actividade, vestuário, sinais externos de respeito. Além disso, o controlo é definido como o exame pelo qual se assegura que os resultados obtidos estão em conformidade com os objectivos e que torna possível fazer, se necessário, as correcções necessárias para reorientar a empresa para os seus objectivos:

- ✓ Definir indicadores para monitorizar a evolução da actividade da organização.
- ✓ Identificar as lacunas entre a situação actual e o plano.
- ✓ Determinar as causas destas discrepâncias.
- ✓ Definir as medidas correctivas necessárias.

A estratégia empresarial é a escolha da orientação a longo prazo para a empresa e as opções que lhe permitem enquadrar-se no seu ambiente. É portanto a arte de dirigir a organização e as pessoas da empresa de um ponto de vista a longo prazo e externo. A definição de uma estratégia consiste em determinar as metas e objectivos a perseguir, escolhendo as acções a implementar e os recursos a mobilizar. O processo de tomada de decisão é precedido por uma fase de diagnóstico e seguido por uma fase de implementação. A estratégia pode ser considerada a dois níveis: formulação estratégica e gestão estratégica. O objectivo da formulação estratégica é estruturar o processo de pensamento dos gestores, a fim de se chegar a escolhas estratégicas. A gestão diz respeito às condições de implementação destas escolhas e à organização de acções colectivas que permitam obter o desempenho esperado. Os problemas devem ser resolvidos "de forma sustentável", ou seja, posicionar a empresa em condições onde o aumento do desempenho seja mais provável de ocorrer. Daí a importância da estratégia, que pode assegurar a capacidade de antecipação da empresa. Na prática, a estratégia conduz geralmente ao planeamento de acções para atingir objectivos específicos ao longo de um determinado período. Todas as ferramentas da actual gestão permitirão ao gestor alcançar os objectivos definidos no âmbito da visão estratégica da empresa. Cada pequena decisão tomada a nível financeiro, económico, de marketing, de clientes e outros, faz parte de um todo maior a que chamaremos gestão operacional. A direcção deve permanecer consciente dos limites do poder preditivo da estratégia em relação a qualquer decisão (implementação da auto-estratégia, dificuldades em conseguir que a mudança seja aceite, etc.) e do seu custo. O Departamento de Estratégia decide sobre as ofertas a longo prazo e, portanto, as actividades da empresa que irão gerar a satisfação do cliente, com a melhor margem, o melhor potencial, e o risco mínimo. O Departamento de Estratégia participa nas decisões de política industrial ao nível de um país, de uma região, etc. O Departamento de Estratégia está ciente das organizações de investigação e da política governamental para com elas e da sua orientação de investigação.

II.4.3. Gestão e governação

A governação é o conjunto de mecanismos que contribuem para alinhar a realidade das operações de uma organização com os objectivos que lhe são atribuídos. As expectativas dos intervenientes e os conflitos sobre os objectivos a atribuir à organização podem manifestar-se fora das estruturas clássicas de governação (assembleia geral, conselho de administração e gestão geral). É neste sentido que a construção de estruturas de governação pela direcção é particularmente complexa. A direcção apela à auditoria interna e ao controlo de gestão para recolher, processar, relatar e validar informações de gestão. Esta informação, que é essencial para orientar a organização, também contribui para a redução da assimetria de informação entre as partes interessadas. Ao reduzir a assimetria de informação, é possível reduzir conflitos e lutas de poder dentro da empresa, o que por vezes pode levar à ineficiência. É ligando os processos aos diferentes intervenientes que a empresa pode assegurar a sua coesão e coerência. O modelo de balanced scorecard é um exemplo de uma abordagem formalizada para integrar e gerir simultaneamente as diferentes facetas de um processo. A empresa tem uma responsabilidade através das decisões que toma e das acções que implementa. Mas esta responsabilidade deve também ser tornada visível através da informação que a empresa transmite aos vários intervenientes. Como todas as responsabilidades, esta baseia-se na consideração da ética nas relações com os outros. De facto, o comportamento dos gestores tem repercussões directas sobre os seus subordinados, e portanto, sobre os resultados da empresa. Assim, desde o início do século XX, a gestão tem vindo a analisar as repercussões de diferentes tipos de liderança. Para desenvolver este tipo de gestão, a Equitable Management cobre um certo número de práticas de gestão baseadas no princípio de um justo equilíbrio entre o desempenho económico e operacional da empresa e a realização pessoal no trabalho. Coloca o ser humano no centro das preocupações da empresa, propondo um tratamento justo, respeitando os direitos de cada pessoa e promovendo o bem-estar social.

II.4.4. Sistema de gestão e informação

Um dos objectivos da gestão é gerir a organização da empresa a fim de gerar sinergias através de um certo alinhamento estratégico. Para atingir este objectivo, é necessário coordenar os fluxos físicos e imateriais que atravessam a empresa. Os fluxos físicos materiais estão normalmente sob a responsabilidade do departamento de logística. O departamento de recursos humanos gere o fluxo de capital humano. Os fluxos de informação, que são intangíveis por natureza, são da responsabilidade do departamento de sistemas de informação (DSI), que gere o sistema de informação da empresa e assegura a urbanização do sistema de informação. Na gestão do sistema de informação, a gestão de dados também diz especificamente respeito aos recursos digitais. Entre as ferramentas informáticas utilizadas pelas grandes empresas, ERP (Enterprise Resource Planning) ou PGI (Progiciel de gestion intégré) permitem a gestão global de uma empresa. De facto, estas ferramentas oferecem uma cobertura de gestão que inclui todos os serviços de uma empresa. Estão disponíveis para empresas muito grandes, bem como para pequenas e médias empresas, devido a um aumento na padronização dos sistemas e, portanto, uma redução significativa no preço de compra e manutenção. É também possível, confiando numa arquitectura orientada para os serviços, ter sistemas ERP (dedicados a pequenas e médias empresas ou a filiais) a comunicar de uma forma flexível e conseguir um acoplamento com um ERP central que cubra toda a empresa. De facto, o objectivo da criação de uma base de dados é sobretudo criar uma singularidade de informação em termos de formato e por vezes de centralização de dados (em relação ao nível de segurança ou qualidade negociado entre as linhas de negócio e esperado pelo sistema: é então necessário aumentar o nível de redundância de informação para limitar o risco ou a queda na qualidade do serviço). O sistema também requer uma mutualização bem sucedida dos processos empresariais, exercendo a interoperabilidade esperada, mas também tem um custo em termos de hardware (necessidade de potência de computação, capacidade de armazenamento de dados, idade média dos servidores) e aplicações (número de sistemas técnicos e complexidade das interconexões). A escolha de um sistema de informação integrado está, portanto, no centro da questão da externalização. Deverá esta função ser externalizada devido ao seu custo e ao nível de especialização esperado? A escolha deve ser posta em perspectiva com o nível de dependência e perda de confidencialidade que a externalização do sistema de informação implica e a perda de oportunidades em termos de aumento do valor da empresa.

II.4.5. Gestão e finanças

No contexto da gestão, as finanças são um campo de gestão cujo objecto é caracterizado a nível estratégico por uma procura de optimização do valor da empresa e, portanto, particularmente do interesse dos fornecedores de capital. Esta distinção, comparada com outros campos de gestão, permite que as finanças, através da utilização de postulados específicos (HEM por exemplo...) possam tomar decisões baseadas em modelos altamente matemáticos e, portanto, utilizados em grande escala a um custo mais baixo, mantendo ao mesmo tempo um elevado nível de relevância. O que também caracteriza realmente o financiamento a partir de outros instrumentos de gestão é o facto de procurar fornecer informações que não são sistematicamente dirigidas internamente, mas sim para certos intervenientes no contexto da governação empresarial. A escala da análise nem sempre é, portanto, a mesma, e com razão. Este problema assume todo o seu significado em empresas com estratégias ou organizações complexas (subcontratantes, estruturas politizadas, etc.) que requerem acima de tudo abordagens não financeiras. Além disso, as finanças caracterizam-se pela utilização tradicional de análises baseadas no risco e no fluxo de caixa, a fim de evitar certas ilusões financeiras e preconceitos de outros padrões de medição. No caso de análises financeiras de grupo, será necessário fazer restabelecimentos significativos que podem acabar por acrescentar consideravelmente ao custo do controlo das partes interessadas.

II.4.6. Escolas de gestão em França

Existem nada menos que 230 escolas de negócios e de gestão em França. Estas escolas ou são privadas ou geridas por câmaras de comércio e indústria. A maioria delas concentra-se na formação prática. Oferecem uma perspectiva internacional, como a ESCP Europe ou ICS Paris, graças à integração de estudantes estrangeiros ou a programas fora de França. Outras, como a HEC Paris, oferecem programas de educação contínua com o sistema MOOC, enquanto algumas delas se concentram no empreendedorismo para impulsionar a economia e apoiar os líderes de projecto na criação dos seus negócios. Os Institutos de Administração de Empresas (IAE), agora chamados Escolas de Gestão Universitária, são estruturas de formação semelhantes, mas dependem das universidades. Os IAE existem em 2015, agrupados numa rede de intercâmbio de boas práticas, e os membros mais antigos desta rede foram fundados na década de 1950. A maioria deles tem acções internacionais, alguns IAE têm ainda mais estudantes no estrangeiro do que no território nacional. Finalmente, como componentes das universidades, todos têm uma componente de investigação amplamente desenvolvida.

II.5. Gestão de competências: princípios e questões

Temos ouvido falar muito sobre gestão de competências nos últimos anos. Esta técnica, erroneamente assimilada à gestão de competências, visa a harmonização de competências nas empresas. Baseada numa estratégia a longo prazo, a gestão de competências é uma técnica de gestão baseada no ser humano e que depende das competências de cada indivíduo na empresa. Descubra o que é a gestão de competências e como formar para ela quando se é gestor.

II.5.1. O que é a gestão de competências?

A gestão de competências é uma técnica de gestão de recursos humanos que optimiza o desempenho de uma empresa. Permite combinar as competências disponíveis no capital humano da empresa com as competências que a empresa necessita. Esta prática, que tem estado em voga nos últimos vinte anos, baseia-se em numerosas ferramentas e é particularmente aplicável na fase de recrutamento. A gestão de competências está mais preocupada com as competências necessárias do que com a aplicação de métodos para atingir determinadas competências. Os riscos Há muitas razões para utilizar este método sozinho, porque nenhuma estratégia de grupo é posta em prática. Em vez disso, os comportamentos individuais são analisados e ajustados às necessidades da empresa.

II.5.2. O que é a gestão de competências?

A gestão de competências consiste em desenvolver as competências de cada membro de uma empresa para alcançar os seus objectivos. Quando a gestão de competências apenas selecciona, a gestão de competências trabalha em inteligência colectiva para desenvolver comportamentos de trabalho que promovam o sucesso colectivo. Esta estratégia é particularmente eficaz nas empresas. Aumenta o desempenho global, mas também melhora o capital humano. As competências individuais de cada pessoa são desenvolvidas de forma equitativa, o que mantém a empregabilidade, competitividade e motivação de todos os empregados.

II.5.3. Gestão de competências e gestão de competências: as diferenças

A gestão de competências e a gestão de competências são bastante diferentes, como já entendeu. A gestão de competências não se baseia simplesmente no know-how individual e colectivo. Permite-lhe gerir indivíduos para que possam alinhar-se com a estratégia e os valores da empresa. É um processo de melhoria individual para atingir um objectivo global, tendo em conta a personalidade, competências, qualidade dos serviços prestados e necessidades de cada pessoa.

II.5.4. Qual é o papel do gestor de competências?

A estratégia de gestão de competências é levada a cabo através dos gestores da empresa. Estes devem utilizar as suas competências práticas e treinar as suas equipas para alcançar um melhor desempenho. Trabalham de acordo com uma estratégia pré-estabelecida e devem ter um conhecimento perfeito dos seus empregados. O seu objectivo é harmonizar as competências e práticas para que todos possam ser eficazes e trabalhar em conjunto, de forma coerente com os valores e objectivos estratégicos da empresa. Como funciona uma abordagem de gestão de competências? O projecto de gestão de competências está gradualmente a ser implementado nas empresas. Este sistema implica algumas mudanças no quadro da sua implementação. Aqui está um exemplo de uma política de gestão de competências numa empresa:

- ✓ Se for implementada uma abordagem de gestão de competências, o gestor recupera os dados e assume a gestão dos recursos humanos.
- ✓ O gestor trabalha em estreita colaboração com a direcção para identificar áreas de preocupação durante vários anos e determinar o seu âmbito de acção.
- ✓ O(s) gestor(es), em seguida, gere(m) o foco colectivo de competências, analisa

os processos da empresa.

✓ Estudam os perfis de cada membro da equipa e as suas competências, depois trabalham na sua formação (aquisição de novas competências, desenvolvimento das antigas, etc.).

II.5.5. Porquê formar em gestão de competências?

A gestão baseada na competência é uma especialização muito procurada no mercado de trabalho actual. Esta prática permite um rápido aumento dos resultados da empresa e uma realização mais fácil e mais sustentável dos objectivos. Por conseguinte, a formação em gestão baseada na competência é uma solução ideal para encontrar mais facilmente uma posição de gestão e reivindicar um melhor salário. Como aprender gestão baseada na competência? O gestor de competências deve ser formado em várias técnicas para implementar um programa de desenvolvimento de competências. Por exemplo, este profissional deve dominar as seguintes competências:

✓ Gestão de projectos.

✓ Tomada de decisões e liderança.

✓ Comunicação gerencial.

✓ Gestão de equipas.

✓ Delegação.

✓ Escuta activa e benevolente.

✓ Gestão operacional.

✓ Papel de gestor.

✓ Treinador de gestores.

É um gestor, quer tornar-se um gestor de competências? Sugerimos-lhe que siga uma breve formação, ou várias, para definir o enquadramento do seu projecto. Seguir um curso adaptado permitir-lhe-á estar operacional e ser capaz de pôr rapidamente em acção as suas novas competências. Convidamo-lo a consultar o nosso catálogo de cursos de formação em gestão, tanto à distância como presencialmente, e a contactar-nos caso deseje ser acompanhado no seu projecto.

CAPÍTULO III. A COMPETÊNCIA COMO INDICADOR DE DESEMPENHO

III.1. Introdução

Embora o termo competência seja comum a todos eles, poucos trabalhos abordam, dentro do mesmo quadro, as noções de: competência, competências básicas, competências-chave, competências transversais e competências colectivas. Este estado de coisas deve-se sem dúvida a preocupações muito diferentes, consoante se trate do mundo do trabalho, do da formação profissional ou da formação inicial. No entanto, parece-nos útil ir para além destas divisões. O objectivo deste capítulo é, portanto, antes de mais, apresentar uma revisão da literatura, tão ampla quanto possível, sobre estes diferentes conceitos, a fim de mostrar as suas principais limitações, particularmente no que diz respeito às suas definições e à descrição dos processos subjacentes à mobilização e construção destas competências. No entanto, neste mesmo capítulo, também pretendemos evocar um modelo de competências individuais e colectivas (Coulet, 2011) que, no quadro das teorias de actividade, oferece precisamente essa descrição. Além disso, especificará alguns contributos práticos, particularmente no que diz respeito ao desenvolvimento de quadros de competências e práticas de avaliação de competências.

III.2. Os desafios sociais da noção de competência

Ao longo das últimas décadas, a noção de competência tornou-se central para um grande número de práticas sociais. Ligada, funcionalmente ou circunstancialmente, às mutações ou evoluções que ocorreram nas organizações (Oiry 2005; Oiry, & Iribarne, 2001; Paradeise & Lichtenberger, 2001; Zarifian, 2001), propagou-se até à escola através, em particular, da educação e formação profissional de adultos (Ropé & Tanguy, 1995).Dentro das organizações, alterou radicalmente a relação com as qualificações profissionais, colocando os empregados numa posição de responsabilidade (Lichtenberger, 1999) pela sua empregabilidade, com base nas competências que têm de adquirir, manter, melhorar, diversificar, etc. (Stroobants, 1998; Tallard, 2001). A prática da avaliação das competências, introduzida em França por lei (cf. Lei 91-1405 de 31 de Dezembro de 1991) no início dos anos 90, está de acordo com esta lógica, tanto em termos de acesso ou regresso ao emprego, como em termos de mobilidade profissional ou de gestão de carreira (Gaudron, & Croity-Belz, 2005). Do mesmo modo, a Validação da Aprendizagem Prévia (introduzida pela Lei 2002-73 de 17 de Janeiro de 2002) visa promover competências individuais, desta vez em termos de diplomas, a fim de encorajar o desenvolvimento profissional de pessoas que também são supostamente responsáveis pelas suas escolhas.No domínio da educação e formação (Carette, 2007; Crahay, 2006; Jonnaert, 2006; Perrenoud, 1999), a noção de competência tornou-se igualmente crucial: seja na definição de objectivos pedagógicos, no desenvolvimento de programas, na avaliação de agentes (estudantes) ou na profissionalização de pessoal.Além disso, o impacto da noção de qualidade nas políticas de educação e formação (Behrens, 2011; Meunier, 2005; Normand, 2005), levou à avaliação do sucesso académico dos estudantes e, desde a década de 1960, à implementação de inquéritos internacionais sobre temas centrais e competências básicas: da iniciativa da IEA (International Association for the Evaluation of Educational Achievement.), depois a OCDE (Organização para a Cooperação e Desenvolvimento Económico), no âmbito dos inquéritos PISA (Program for International Student Assessment), lançados em 1997, até às actuais avaliações do Centro Internacional de Estudos, com o TIMSS (Trends in International Mathematics and Science Study) e o PIRLS (Progress in International Reading Literacy Study).Ao mesmo tempo, a abordagem baseada na competência (Boutin, 2004; de Ketele, & Gerard, 2005; Monchatre, 2008, Chauvigné, & Coulet, 2010; Perrenoud, 1998) é uma referência para a definição de objectivos e currículos. Quanto ao Livro Branco sobre Educação e Formação, publicado em 1996 pela Comissão Europeia, "é um dos primeiros documentos que, nos seus primeiros objectivos para uma sociedade de aprendizagem, propõe a criação de um processo europeu para comparar e divulgar amplamente as definições de 'competências-chave' e para encontrar as melhores formas de as adquirir, avaliar e certificar" Meunier (2005, p. 16).Como se pode ver nesta citação, para além dos objectivos e currículos, há também uma ênfase nos meios para desenvolver estas competências-chave. Consequentemente, surgiram muitas iniciativas que afirmam claramente um tal objectivo, mesmo para além da formação inicial (ver, por exemplo, a Recomendação do Parlamento Europeu e do Conselho n.º 2006/962/CE de 18 de Dezembro de 2006 sobre competências-chave para a aprendizagem ao longo da vida e, para a França, a Circular n.º 2008/01 de 3 de Janeiro de 2008 da DGEFP; Lei n.º 2009-1437 de 24 de Novembro de 2009 sobre orientação e formação profissional ao longo da vida, que altera o Código do Trabalho nos seus artigos L.6111-1 e L.6111-2; Circular n.º 2008/01 da DGEFP 2008/01, de 3 de Janeiro de 2008, sobre a política de intervenção do Ministério do Emprego em favor do acesso das pessoas em integração profissional às competências-chave; etc.).De um ponto de vista muito geral, e para além das especificidades geográficas e históricas das orientações tomadas pelas políticas educativas, é óbvio que a evolução das sociedades humanas, no sentido mais lato (que estão a aumentar cada vez mais rapidamente o seu capital de conhecimentos e instrumentos ao serviço das suas actividades), são confrontadas com uma exigência global extremamente forte: os indivíduos, que constituem estas sociedades, devem integrar estas mudanças, tanto para encontrar os meios da sua própria existência como para contribuir eficazmente para o seu desenvolvimento. Neste contexto, as noções de competência, competências básicas e/ou competências-chave são particularmente valiosas para responder a este desafio. Para tal, contudo, não devemos ceder à ilusão de que estes conceitos são tão familiares que podemos permanecer com as representações intuitivas que deles temos. Como veremos, um exame da literatura académica que lhes é dedicada confirma-o amplamente.

III.3. A noção de competência

A noção de competência é amplamente utilizada hoje em dia. É evocada tanto no contexto das nossas actividades quotidianas normais (desenhar, andar de bicicleta, conduzir um carro, etc.) como em situações profissionais quando, por exemplo, definimos: as que são necessárias para manter um emprego, as que são avaliadas na gestão de emprego e carreira, ou as que fazem a diferença ao ponto de serem "estratégicas" ou "críticas" dentro de uma organização (Pastré, 1999; Sanchez, 2004).Além disso, a literatura dedicada às competências é particularmente rica, como salienta Koebel (2006, p. 54), por exemplo, quando especifica isso: "o catálogo do Institut de l'Information Scientifique et Technique (INIST), um organismo do CNRS cuja missão é recolher, processar e divulgar os resultados da investigação científica, enumera, entre 1990 e 2002, 2726 artigos com a palavra competência no título (sendo as pontuações mais elevadas atingidas entre 1998 e 2002, com entre 250 e mais de 300 artigos por ano).Não é, portanto, surpreendente notar que muitas definições de competência foram apresentadas, divulgadas em várias disciplinas (ciências de gestão, sociologia, ciências da educação, psicologia, ergonomia, didáctica, etc.) e inspiraram numerosas mudanças nas práticas profissionais1 (desenvolvimento de quadros de competência, gestão, etc.). (por exemplo No entanto, para além da pluralidade de definições e dos poucos consensos que as atravessam, esta literatura abundante oferece-nos concepções fundamentalmente divergentes com, no fundo, a presença de uma questão central que não tem resposta real: que modelos são susceptíveis de dar conta, a nível intra-individual e colectivo, dos processos em jogo na expressão e desenvolvimento das competências?De um ponto de vista histórico, Oiry (2005) lembra-nos que os psicólogos foram os primeiros a utilizar o conceito de competência, quando tentaram (White, 1959) identificar as características dos sujeitos que influenciam o desempenho do trabalho. No entanto, quando sintetiza o trabalho realizado desde então e coloca a competência como: "individual, heterogéneo, contextualizado, dinâmico e científico" (Oiry, 2005, p. 22), revela que, em geral, a consideração dos processos de expressão da competência permanece, no mínimo, largamente metafórica. O seguinte esclarecimento (Oiry, 2005, p. 22) para explicar a utilização do conceito de competência em GRH confirma-o claramente: "a competência é uma característica do indivíduo". "Permite que o enfoque seja sobre a pessoa independentemente do contexto organizacional". (Parlier, 1994, p. 96); a competência é heterogénea. Reúne conhecimentos técnicos e "comportamentos", "atitudes", um "savoir-être", etc. (Bellier, 1999a); a competência é contextualizada. É "inseparável da actividade pela qual se manifesta" (Le Boterf, 1994, p. 57); a competência é dinâmica. Ela "reconstrói dinamicamente os diferentes elementos que a constituem (conhecimento, know-how prático, raciocínio)" (Parlier, 1994, p. 100).

III.3.1. Definições e conceitos subjacentes

Embora alguns autores (Dietrich, 2002; Lichtenberger, 2003; Livian, 2002) argumentem que as ambiguidades em torno das definições e concepções de competência podem encorajar a sua disseminação e adopção por um grupo de actores com concepções radicalmente diferentes (se não opostas), outros esforçaram-se por identificar as principais questões (Koebel, 2006; Pastré, 1999; Zarifian, 2000) e para especificar certas linhas divisórias relativas às definições e/ou concepções de competência (Aubret, Gilbert, & Pigeyre, 1993; Bellier, 1999b; Gilbert, 2000); Pastré, 1999; Zarifian, 2000) e para esclarecer certas linhas divisórias relativas às definições e/ou concepções de competência (Aubret, Gilbert, & Pigeyre, 1993; Bellier, 1999b; Gilbert, 2006; Koeppen, Hartig, Klieme, & Leutner, 2008; Leplat, 2000; Lichtenberger, 2003; Pastré, 1999).

III.3.2. Abordagens cognitivas e/ou sociais

Uma linha divisória inicial pode ser traçada entre as definições que enfatizam a dimensão cognitiva ou técnica da competência (Bourdieu, 1989, citado por Koebel, 2006) e as que enfatizam a sua dimensão social, ou mesmo afectiva e motivacional (Cahour, 2006; Letor, 2006). Assim, por exemplo, de Montmollin (1984, p. 122) está mais de acordo com uma abordagem cognitiva quando define competência como um "conjunto estabilizado de conhecimentos e know-how, comportamentos padrão, procedimentos padrão, e tipos de raciocínio que podem ser implementados sem nova aprendizagem".Por outro lado, ao afirmar que "definir e reconhecer a competência de um trabalhador não é o resultado de uma escolha definitiva ou uma questão de curso; é o resultado frágil e dinâmico de uma negociação invisível entre actores variáveis a diferentes níveis", Defélix (2005, p. 8) enfatiza o aspecto social da competência. Obviamente, existem outras definições que permitem (ou podem permitir) a consideração simultânea destes dois pólos opostos. É o caso, por exemplo, da definição proposta por Bellier (1999b, p. 226): "a competência permite agir e/ou resolver satisfatoriamente problemas profissionais num determinado contexto, mobilizando várias capacidades de forma integrada", logo que se considere isso: "a mobilização das capacidades de forma integrada" refere-se a aspectos cognitivos e que o "contexto particular" refere-se, entre outros, a aspectos sociais de diferentes níveis de generalidade. Além disso, através da expressão: "de forma satisfatória", a definição de Bellier levanta a existência de uma outra divisão, raramente discutida na literatura, mas, no entanto, muito importante.

III.3.3. Definições avaliativas ou neutras

Como os exemplos seguintes mostram, muitos autores incluem uma avaliação do desempenho na sua definição de competência. Assim, por exemplo, De Landsheere (1988, citado por Aubret et al., 1993, p. 32) define a competência como "a capacidade de desempenhar uma tarefa de forma satisfatória". Por seu lado, Michel e Ledru (1991, citado por Bellier, 1999b, p. 235) descrevem-na como: "a capacidade de resolver eficazmente problemas num dado contexto". Com Beckers (2002, citado por Crahay, 2006, p. 57), a competência refere-se a: "a capacidade de um sujeito mobilizar, de forma integrada, recursos internos (conhecimentos, know-how e atitudes) e recursos externos para lidar eficazmente com uma família de tarefas que são complexas para ele.Para Roe (2002, p. 195), "a competência é uma capacidade aprendida para desempenhar adequadamente uma tarefa, dever ou papel". Koeppen et al (2008, p. 62) definem-na como: "disposições cognitivas específicas do contexto que são adquiridas e necessárias para lidar com êxito com certas situações ou tarefas em domínios específicos". Este tipo de definição não é isento de problemas. De facto, equivale a falar de competência apenas no caso em que um julgamento social ou reconhecimento por outros pode intervir para decidir se o sujeito merece ou não ser considerado como competente no seu confronto com a tarefa. Por outras palavras, a competência seria menos sobre a organização da actividade do sujeito do que sobre a avaliação social que lhe é feita, em referência a uma norma que funciona de forma binária (competente / não competente) no que diz respeito ao desempenho.Tal enfoque no desempenho para definir a competência evacua, de facto, a questão da natureza da organização de todos os comportamentos considerados insatisfatórios em relação a esta norma. Devem ser considerados como competências ou não? Não serão também competências que poderiam ser reconhecidas como tal se, por exemplo, o nível de exigência determinado pela norma de referência fosse reduzido? Claramente, uma resposta positiva a esta última pergunta permite simplesmente distinguir entre diferentes níveis ou diferentes "domínios de competência" (Samurcay & Rabardel, 2004, pp. 164-165), alguns dos quais seriam satisfatórios e outros não, em relação à norma utilizada aqui e agora para os avaliar. Vergnaud (2002, p. 7) partilha obviamente desta posição quando propõe definições de competência em termos comparativos: "A é mais competente do que B se puder fazer algo que B não pode fazer. Ou A é mais competente no momento t' do que no momento t' porque sabe como fazer algo que não sabia fazer. A é mais competente do que B, se ele o fizer de uma forma melhor. O comparativo "melhor" implica critérios adicionais: rapidez, fiabilidade, economia, elegância, compatibilidade com o modo de proceder de outros, etc. A é mais competente se tiver um repertório de recursos alternativos que lhe permita utilizar um procedimento ou outro, e assim adaptar-se mais facilmente às diferentes situações que possam surgir. A é mais competente se souber "lidar" com uma nova situação de uma categoria nunca antes encontrada". Nesta perspectiva, a competência é muito claramente distinta do juízo avaliativo que pode ser feito sobre ela, com referência a esta ou aquela norma ou base de comparação.

III.3.4. A base filosófica ou ideológica das definições

Através e para além de todas as definições acima referidas, podemos também ver um certo número de preconceitos filosóficos ou ideológicos clássicos subjacentes às várias caracterizações de competências que abundam na literatura. Assim, algumas delas são inspiradas por um ponto de vista inato, considerando a competência como uma disposição natural, um conjunto de aptidões e outros "talentos", na melhor das hipóteses revelados pela experiência. Obviamente, para além das justificações para uma certa divisão do trabalho que pode inspirar, tal concepção esvazia qualquer projecto para ajudar a desenvolver competências do seu significado.Outras definições, bastante influenciadas por uma abordagem empírica e comportamentalista, tendem a reduzir a competência às suas manifestações observáveis e, portanto, a um desempenho. Neste caso, são os processos geradores deste desempenho que são resolutamente ignorados. A noção de "competência", que é favorecida na literatura anglo-saxónica, enquadra-se bastante bem neste tipo de concepção.Quanto às definições de inspiração construtivista e cognitivista, há que reconhecer que elas permanecem, até agora, pouco explícitas nos processos construídos e mobilizados para produzir esta performance.Além disso, o investimento maciço na noção de competência pelas práticas profissionais favoreceu largamente a adopção de certos "modelos", porque eles estão disponíveis e são considerados facilmente assimiláveis e utilizáveis. Inquestionavelmente, o modelo de competência, expresso em termos de "conhecimentos, know-how e aptidões interpessoais" é muitas vezes declinado em termos de "conhecimentos, capacidades e atitudes" na base comum de conhecimentos e capacidades (Decreto de 11 de Julho de 2006). O mesmo acontece com o modelo, baseado na ideia de uma combinação de recursos, defendida por Le Boterf, que afirma que o indivíduo "Realiza actividades com competência, combinando e mobilizando um duplo conjunto de recursos: recursos incorporados (conhecimentos, know-how, qualidades pessoais, experiência, etc.) e redes de recursos no seu ambiente (redes profissionais, redes documentais, bancos de dados, etc.)". (Le Boterf, 1999, p. 28). Também aqui, a identificação de categorias de comportamentos ou recursos é feita em detrimento de uma descrição dinâmica dos processos envolvidos. Deve também notar-se que estes processos também estão ausentes das práticas de avaliação de competências (i.e. o Inquérito de Análise de Emprego Fleishman ou o Questionário de Análise de Posição) com base em listas a priori de elementos (competências, capacidades, traços de personalidade, etc.) cuja importância no desempenho de uma dada actividade profissional é procurada para ser medida (Vrignaud, & Loarer, 2004).Alguns autores (Aubret et al.., 1993; Bellier, 1999b; Leplat, 2000) também consideram que existe um consenso bastante amplo a favor da manutenção dessa competência, que representa uma capacidade de execução finalizada, ligada à acção implementada num determinado contexto, a fim de lidar com "uma tarefa ou uma classe de tarefas mais ou menos ampla" (Leplat, 2000, p. 50). Observam, além disso, que supõe uma organização de vários elementos, nomeadamente conhecimentos e know-how, ou seja, unidades construídas, coordenadas, integradas, estruturadas e hierarquizadas.

No entanto, a clarificação do que são estes elementos ou unidades não se baseia realmente numa "teoria construída que explicaria porque é que a competência inclui estes elementos" (Bellier, 1999b, p. 234). Quanto a Crahay (2006), que denuncia um certo número de possíveis desvios na introdução de uma abordagem da competência nas práticas educativas, prossegue dizendo que "seria mais útil ter um modelo conceptual do que agarrar-se a uma palavra" (p. 105).

III.3.5. Competência colectiva

Embora a maioria das publicações que tratam da competência digam respeito a competências individuais, a competência colectiva atraiu contudo a atenção de uma série de investigadores, particularmente no domínio da gestão. Da mesma forma que as competências individuais, as competências colectivas (Krohmer, 2004; Retour, 2005; Retour, & Krohmer, 2006; Charles-Pauvers, & Schieb-Bienfait, 2010) deram origem a numerosas investigações, particularmente no que diz respeito à organização do trabalho. Este trabalho parece ter tido origem, de uma forma bastante concomitante, em torno de preocupações relacionadas com a gestão estratégica, por um lado, e a gestão de recursos humanos, por outro (Rouby, & Thomas, 2004).

III.3.5.1. As definições

Tal como para as competências individuais, as definições apresentadas pelos autores são diversas e também deixam na sombra a explicação dos processos responsáveis pela mobilização e a construção da competência colectiva. Assim, por exemplo, Dejoux (1998, citado por Retour, 2006, p. 93), definindo-a como tal: "todas as competências individuais dos participantes de um grupo mais uma componente indefinível, específica do grupo, resultante da sinergia e da dinâmica do grupo", deixa em "o indefinível" que parece ser o essencial! Pela sua parte, quando Michaux (2003, citado por Retour, 2006, p. 93), argumenta que "é uma questão de conhecimento tácito e de know-how (partilhado e complementar) ou de trocas informais apoiadas por solidariedades que participam na "capacidade repetida e reconhecida" de um colectivo para coordenar a fim de produzir um resultado comum ou de co-construir soluções", podemos ver claramente, desta vez, a preocupação de sublinhar um certo número de ingredientes necessários à competência colectiva: em particular, referências comuns (aqui expressas em termos de conhecimento e de know-how) e um objectivo comum. No entanto, ficamos essencialmente com a descrição de uma justaposição sem justificação teórica. Em geral, a literatura tende a descrever a competência colectiva como um conjunto de factores, sem qualquer estatuto teórico real, mas que devem intervir para a fazer existir: uma cooperação (harmoniosa ou conflituosa) de diferentes indivíduos ou grupos, baseada em representações comuns (um "repertório partilhado" segundo Wenger (1998), citado por Chanal (2000), relativo a comunidades de prática), assumindo uma memória (nomeadamente das várias competências que podem ser mobilizadas por cada pessoa), bem como uma organização (dada, construída ou emergente) das interacções.

III.3.5.2. Os níveis de estruturação

Na literatura sobre competências colectivas, encontramos também a ideia de diferentes níveis de estruturação (Genestet, 2004, citado por Retour, 2006; Rouby, & Thomas, 2004). Estes autores distinguem três níveis: o primeiro (nível macro) está mais preocupado com a gestão estratégica das competências organizacionais, enquanto que os dois últimos níveis são mais especificamente a prerrogativa da GRH e dizem respeito, por um lado, às competências colectivas exercidas por comunidades ou grupos mais pequenos (nível meso) e, por outro lado, às competências individuais (nível micro). Além disso, a noção de aprendizagem organizacional é frequentemente apresentada como necessariamente ligada às competências de nível macro, que devem ser desenvolvidas em termos da forma como a actividade é levada a cabo e/ou da forma como é concebida. Reconhecemos as contribuições de Argyris e Schön (1996), particularmente quando distinguem entre aprendizagem organizacional de ciclo simples e duplo. No entanto, mesmo que todas estas considerações sejam úteis para situar o que a noção de competência colectiva abrange, elas permanecem essencialmente limitadas às descrições das diferentes dimensões a ter em conta na utilização que dela pode ser feita. "Em termos gerais, o trabalho demonstra a dificuldade de operacionalizar o conceito de competência organizacional e a necessidade de escolher itens relevantes para identificar e formalizar competências" (Rouby, & Thomas, 2004, p. 56). Além disso, na ausência de um modelo integrador, a articulação entre competências individuais e colectivas permanece mal explicada para além da descrição dos níveis macro, meso e micro anteriormente mencionados (Coulet, 2014a).

III.3.5.3. Competência: uma noção vaga e polisematosa, considerada de forma estática

Tendo em conta o acima exposto, verifica-se que a noção de competência contribuiu, de facto, para renovar as abordagens da actividade humana e para as relações que esta tem com o ambiente em que se desenvolve. No entanto, um olhar mais atento revela que a competência é uma noção vaga, que tem sido objecto de definições muito heterogéneas, referindo-se a várias concepções de desenvolvimento humano, mas cujos usos concretos, nas organizações ou na escola, têm sobretudo promovido uma abordagem "estática" (Coulet, 2011), que não é muito relevante para os objectivos prosseguidos (Coulet, 2010). Com efeito, desde as suas primeiras utilizações na sequência do trabalho de White (1959) e numa outra perspectiva, a ideia de que a competência seria um conjunto de "conhecimentos, competências e aptidões interpessoais", declinou no domínio da educação e formação em : "conhecimentos, aptidões e atitudes" (Comunidade Europeia) ou "conhecimentos, capacidades e atitudes" em França. Contudo, tais definições, ao concentrarem-se na enumeração dos elementos constituintes (que, além disso, são geralmente evitados para definir com precisão!), fazem da competência uma substância e não um processo. Como resultado, não incluem nem as características da sua mobilização numa situação (embora os próprios autores sublinhem a importância da ligação entre competência e situação), nem os mecanismos da sua construção (embora os autores sublinhem que a competência está ligada à experiência).Compreendido desta forma, é evidente que a noção de competência está longe de fornecer um quadro relevante para analisar os processos responsáveis pelas adaptações de indivíduos ou organizações às mudanças no seu ambiente, para fornecer às escolas um quadro que rompa com programas focalizados no conteúdo (Coulet, 2010b), ou mesmo para contabilizar a inovação organizacional (que, necessariamente, também se refere a processos de génese).Além disso, é bastante claro que a noção de competência, quer seja considerada a nível individual ou colectivo, está no cerne de um paradoxo. Por um lado, com todas as iniciativas a que deu origem até agora, constitui um avanço bastante essencial, tornando possível dar (ou devolver) à actividade humana toda a importância que, em particular, o Taylorismo e o algoritmo dos autómatos o contestaram em grande parte durante os séculos XIX e XX. Por outro lado, ao reduzir a sua definição a uma justaposição de conhecimentos, know-how e competências interpessoais, ou na melhor das hipóteses, a uma combinação de recursos (Le Boterf, 1999), a extraordinária energia mobilizada para promover uma abordagem "baseada na competência" da actividade humana não produziu claramente os resultados esperados. Assim, no prefácio de um livro intitulado "Fragiles compétences", Defélix (2010, p. 11) deixa particularmente claro que uma tal renovação das práticas empresariais tem sido decepcionante: "Quase 20 anos após o famoso acordo A Cap 2000, 10 anos após a mobilização da Medef sobre o "objectivo de competências", o tema poderia de facto parecer esgotado, relacionado com as políticas empresariais que algumas pessoas descrevem como "grande ilusão" e para as quais outros até se interrogam se não deveriam ser queimados! Pode sair algo de bom da gestão de competências? Para sair deste paradoxo, precisamos de uma abordagem alternativa à competência, baseada num modelo teoricamente fundamentado, rompendo com definições estáticas e substanciais, em favor de uma descrição da dinâmica dos processos que regem a sua mobilização numa situação e a sua construção a partir da experiência. Escusado será dizer que um tal projecto requer necessariamente contribuições da psicologia e, mais precisamente, dos quadros conceptuais desenvolvidos pelas teorias de actividade.

II.4. Os conceitos de competências básicas e fundamentais

Os conceitos de competências básicas e competências-chave destinam-se essencialmente a problemas relacionados com a educação e formação, embora, como veremos, o conceito de competências-chave seja também utilizado dentro das organizações num sentido significativamente diferente.

II.4.1. Alguns marcos históricos

A ideia de que a missão da instituição escolar é racionalizar a sua actividade, através da padronização das suas práticas, não é nova. De facto, como Meunier (2005, p. 5) observa:

✓ "Em Inglaterra, o termo padrão foi utilizado pela primeira vez na educação por volta de 1860, em ligação com uma lei que previa a orçamentação da escola elementar com base no desempenho académico.

Além disso, os Estados Unidos também embarcaram muito cedo neste caminho com, desde o início do século XX, uma loucura por "teorias psicológicas e funcionalistas, inspiradas pelos testes de inteligência de Binet e pelos princípios de gestão científica de Taylor" (Normand, 2005, p. 69).Nesta lógica, "os estudantes eram vistos como instrumentos de produção, forçados a seguir as orientações e rotinas prescritas pelos professores, desenvolvendo as suas "competências básicas" nas áreas da "leitura, escrita e contagem" e "os administradores educacionais prestavam muita atenção à produtividade e eficiência das escolas, medida pelo seu desempenho académico (Callahan, 1962)" (Normand, 2005, pp. 69-70).Para este autor, sem realmente alterar estas opções básicas, as políticas educacionais nos Estados Unidos evoluíram subsequentemente, particularmente sob o impulso de vários relatórios (por exemplo, "A Nation at Risk", em 1983) salientando as fraquezas do sistema escolar, sendo o principal resultado um enfoque intenso nas avaliações, o que levou em 2001 ao desenvolvimento de uma lei federal ("No Child Left Behind Act") que exige que todos os estados estabeleçam normas e procedimentos de responsabilização (competências a serem atingidas na leitura, matemática e ciências nos níveis elementar e secundário) com o objectivo de que todos os estudantes atinjam um determinado nível até 2013-2014.Nesta lógica e com referência a um objectivo económico muito claro, a União Europeia "fixou-se agora um novo objectivo estratégico para a próxima década: tornar-se a economia baseada no conhecimento mais competitiva e dinâmica do mundo, capaz de crescimento económico sustentável com mais e melhores empregos e maior coesão social"). Os Estados Membros são então convidados a fazê-lo: "adoptar um quadro europeu que defina as novas competências básicas que a aprendizagem ao longo da vida deve permitir a aquisição de" (ibid.). Assim, em 2006, foram definidas as "competências-chave para a aprendizagem ao longo da vida" e, no mesmo ano, para a França, "a base comum de conhecimentos e competências". Naturalmente, esta iniciativa está em consonância com o trabalho da OCDE, que, em 2005, definiu as competências-chave como "os conhecimentos e competências necessários para participar na sociedade" (OCDE, 2005, p. 5), sublinhando que "cada situação, cada contexto, cada objectivo pode exigir uma constelação de competências-chave, cuja especificidade pode variar em função das circunstâncias" (OCDE, 2005, p. 11). Pela sua parte, Evequoz (2003, p. 16) define-as como: "um conjunto de capacidades que a pessoa implementará para enfrentar estas exigências e os actuais constrangimentos do trabalho" [....Como Le Boterf (1994) demonstrou claramente, elas baseiam-se em "competências relacionais", que abrangem todas as competências necessárias para cooperar eficazmente com os outros (audição, negociação, trabalho de grupo, comunicação, trabalho em rede), e "competências cognitivas", que correspondem às operações intelectuais necessárias para formular, analisar e resolver problemas, conceber e realizar projectos, tomar decisões, e criar ou inventar.

III.4.2. Concepções subjacentes à terminologia utilizada

Os poucos elementos históricos que acabam de ser aqui recordados mostram claramente uma relativa variabilidade nos termos utilizados, uma vez que, dependendo dos textos considerados, "normas", "competências básicas", "competências-chave",Os termos "base comum de conhecimentos e competências" parecem funcionar como sinónimos ou, pelo contrário, ter significados muito diferentes. É portanto essencial tentar identificar os pressupostos subjacentes, mesmo que, na maioria das vezes, permaneçam relativamente implícitos e pouco discutidos.

III.4.2.1. Uma norma a atingir

A noção de norma, tal como se desenvolveu nos Estados Unidos e como é geralmente entendida, corresponde a uma norma, estabelecida pelas autoridades (políticas ou administrativas) e constitui, do ponto de vista dos estudantes, um nível a ser atingido, graças à aprendizagem que estes alcançam através da instrução que recebem. Esta norma é frequentemente expressa em termos de conhecimentos, mas também em termos de know-how, particularmente quando, em vez de nos concentrarmos no desempenho, tentamos ter em conta o processo de aprendizagem. Assim, por exemplo, no "Curriculum and Evaluation Standards for School Mathematics", proposto em 1998 pelo Conselho Nacional de Professores de Matemática (NTCM), os padrões são explicitamente enunciados como "o que a instrução deve permitir a todos os estudantes saber e ser capaz de fazer" (Meunier, 2005, p. 11).Neste caso, os padrões expressam um ideal a visar, tanto em termos da aprendizagem a alcançar (por parte dos estudantes) como dos métodos de ensino a utilizar (por parte dos professores). Contudo, na maioria dos casos, as normas, competências básicas, competências-chave ou o núcleo comum são entendidos como um requisito mínimo para o acesso a empregos (que estão a evoluir para menos tarefas executivas e mais tarefas de controlo) e para a participação na vida cívica, que por sua vez está a evoluir, em termos das competências mínimas necessárias para encontrar o seu lugar. Resta o caminho preferido pela Inglaterra, que consiste em ver os padrões como o desempenho médio de uma população confrontada com testes padronizados. Em termos gerais, os padrões levam ao desenvolvimento de testes de avaliação que os estudantes devem passar. Assim estabelecido, este desempenho mínimo a ser alcançado pode levar, em alguns casos (cf. a noção de "dura responsabilidade" proposta por Mons, 2009) a "mudanças significativas nas práticas de ensino (foco na formação em testes, estreitamento dos currículos, etc.) que questionam o interesse destes sistemas e podem explicar a resistência deste organismo profissional à cultura de avaliação padronizada encontrada em muitos países" (Mons, 2009, p. 25).

III.4.2.2. Uma norma a exceder

Se achámos sensato não nos limitarmos ao termo padrão na definição das normas através das quais as políticas educativas são conduzidas, é provavelmente introduzir a ideia de uma dinâmica que seja melhor apoiada pelas noções de "competências básicas", "competências chave", ou mesmo "base comum de conhecimentos". conhecimentos e competências". Estas três designações abrem a possibilidade de as interpretar não só como um nível a ser alcançado, mas também como um gergelim para ir mais longe. Isto é claramente afirmado no título das recomendações do Parlamento Europeu e do Conselho de 18 de Dezembro de 2006 sobre "competências-chave para a aprendizagem ao longo da vida", que sublinha que as competências-chave não são consideradas como um fim em si mesmas, mas sim como um meio para a aprendizagem ao longo da vida. Por outras palavras, as competências adquiridas ao longo da vida são concebidas como sendo condicionadas pela construção de competências-chave ou competências básicas, entendidas como uma "base" sobre a qual se pode desenvolver outras competências e assim ir mais longe na vida pessoal e profissional.

III.4.2.3. Competências omnipresentes

Finalmente, é possível considerar as competências-chave como competências muito gerais (por vezes expressas em termos de competências transversais), que certamente precisam de ser construídas, mas cuja presença poderia ser identificada em cada uma das competências utilizadas na vida profissional e pessoal. Uma ideia deste tipo parece estar subjacente à tipologia de competências-chave proposta pelo programa DeSeCo. Esta tipologia prevê três categorias, expressas como competências, nomeadamente: "utilizar ferramentas interactivamente (linguagem, tecnologia, etc.)", "interagir em grupos heterogéneos", "agir independentemente" (OCDE, 2005, p. 7). É evidente que estas competências são muito gerais e estão envolvidas em cada uma das competências mais específicas que cada indivíduo mobiliza "para ter sucesso na vida e contribuir para o bom funcionamento da sociedade" (ibid., p. 8) e que, além disso, são: "desejáveis e valorizadas"; "úteis em muitos domínios"; e "necessárias por todos os indivíduos" (ibidem, p. 9)

III.4.3. A definição dos conteúdos visados

Se, como acabámos de ver, nem os termos utilizados nem os conceitos subjacentes são unânimes, a definição do conteúdo visado, ao tentar explicar quais são estas competências essenciais para os indivíduos lidarem com as mudanças no seu ambiente socioeconómico, também continua a ser difícil de estabelecer. Para além do tríptico "leitura, escrita e contagem", que permanece central nas listas elaboradas e é frequentemente referido como "competências básicas", existe de facto uma relativa diversidade na sua composição, particularmente no que diz respeito às competências-chave, entendidas como as que complementam as competências básicas. Assim, a definição das oito competências-chave propostas na recomendação de 2006 do Parlamento Europeu e do Conselho não é idêntica nos diferentes Estados-Membros (ver Quadro 1) (Michel, 2011).

Quadro 1: Exemplo da diversidade de expressão de competências-chave na comunidade europeia.

Lista das 8 competências-chave (recomendação do Parlamento Europeu e do Conselho)	Lista retida por Espanha	Lista retida pela França (base comum)
comunicação na língua materna ; comunicação em línguas estrangeiras ; competência em Matemática e competências básicas de ciência e tecnologia; competência numérica; aprender a aprender ; competências sociais e cívicas; iniciativa e empreendedorismo	comunicação na língua; matemática; conhecimento e interacção com o mundo físico tratamento de informação e competência digital; competência social e cívica; competência cultural e artística e competência artística;	domínio da língua francesa ; a prática de uma língua estrangeira; domínio dos conhecimentos matemáticos básicos e de uma cultura científica e tecnológica; domínio das técnicas habituais de informação e comunicação; cultura humanista;
- sensibilidade e expressão culturais	- aprender a aprender ;	- competências sociais e cívicas;
	- autonomia e iniciativa pessoal.	- autonomia e iniciativa.

Deve também recordar-se que a OCDE em 2005 propôs uma lista de competências-chave em três categorias, enquanto o OOFP (2003, pp. 32-33) propõe um quadro de referência que inclui "seis grandes áreas de competência, com capacidades e indicadores correspondentes para cada uma" (ver Quadro 2). Inquestionavelmente, estes poucos exemplos (que estão longe de esgotar a diversidade das opções adoptadas) exigem numerosos comentários que limitaremos aqui voluntariamente a dois aspectos: a terminologia utilizada e a coerência interna das propostas.

Quadro 2: Outro exemplo da diversidade deexpressão de competências-chave.

Liste des compétencea clés proposée par l'OCDE	Liste des compétences clés proposée par l'OOFP
- *Se servir d'outils de manière interactive :* • *capacité à utiliser le langage, les symboles et les textes de manière interactive ;* • *capacité à utiliser le savoir et l'information de manière interactive ;* • *capacité à utiliser les technologies de manière interactive.* *Interagir dans des groupes hétérogènes :* • *capacité à établir de bonnes relations avec autrui ;* • *capacité à coopérer ;* • *capacité à gérer et de résoudre les conflits.* *Agir de façon autonome :* • *capacité à agir dans le contexte global ;* • *capacité à élaborer et à réaliser des projets de vie et des programmes personnels ;* • *capacité à défendre et à affirmer ses droits, ses intérêts, ses limites et ses besoins.*	- *Travailler en équipe, qui nécessite la mobilisation des capacités suivantes : coopérer dans un groupe, collaborer avec le leader, favoriser une bonne dynamique de groupe ; favoriser l'esprit d'équipe ; s'affirmer ; se renseigner ; informer.* - *Encadrer, qui nécessite la mobilisation des capacités suivantes : avoir le contrôle de la situation ; animer, gérer la discussion ; prendre des décisions ; prendre le leadership ; motiver ses collaborateurs ; instaurer un bon climat de travail ; s'imposer ; négocier ; s'informer sur l'activité des collaborateurs ; informer.* - *Communiquer, qui nécessite la mobilisation des compétences suivantes : rendre l'information accessible à ses interlocuteurs ; se renseigner ; gérer son comportement ; intéresser son auditoire ; informer ; s'affirmer ; négocier ; argumenter ; réfuter.* - *Traiter l'information, qui nécessite la mobilisation des capacités suivantes ; comprendre l'information donnée ; faire une synthèse de l'information ; mémoriser l'information ; exprimer son opinion et la justifier ; faire des associations à partir de l'information ; abstraire à partir de l'information ; analyser ; argumenter ; réfuter.* - *Organiser, qui nécessite la mobilisation des capacités suivantes : gérer son temps durant la préparation ; gérer la situation ; planifier ; anticiper ; coordonner plusieurs activités.* - *Résoudre des problèmes, qui nécessite la mobilisation des capacités suivantes : gérer l'imprévu ; prendre des initiatives ; faire preuve de créativité ; gérer la situation ; avoir le contrôle de la situation ; faire des choix ; prendre des décisions ».*

III.4.3.1. A terminologia utilizada

Nos exemplos acima, não se pode deixar de ficar impressionado com a heterogeneidade da terminologia utilizada para expressar as competências-chave descritas, uma vez que se encontra, indiferentemente :

✓ Dos substantivos (comunicação, sensibilidade, maestria, prática, autonomia, etc.);

✓ Verbos (aprender, usar, interagir, agir);

✓ Ou expressões como :

✓ "Competência (ou competências) em " (competência em matemática, ciências básicas e tecnologias...),

✓ "Competência (ou aptidões) +objectivo " (competência digital, cultural e artística...),

✓ "Capacidade de" (capacidade de estabelecer boas relações com os outros, capacidade de cooperar...).

A noção de "capacidade" também aparece, e o significado que lhe é dado na literatura é tão vago como o atribuído à competência. Por vezes considerada como sinónimo de competência, uma capacidade pode ser apresentada como um ingrediente de uma competência mais geral (cf. os exemplos anteriores), mas também como a implementação de conhecimentos numa situação (cf. a Base Comum de Conhecimentos e Competências) ou mesmo como um potencial que a competência permitiria actualizar no tratamento de uma tarefa específica numa dada situação (Mayen, & Métral, 2008)!Claramente, esta heterogeneidade terminológica apenas reforça a heterogeneidade que diferencia estas listas de competências-chave e sugere a imprecisão das conceptualizações subjacentes.

III.4.3.2. A coerência interna das opções adoptadas

Se, desta vez, olharmos para a coerência interna destas listas, existe novamente uma grande diferença entre as propostas pela OCDE e pela OOFP, onde as competências-chave (expressas por verbos) são divididas em (também expressas como um verbo), em contraste com as listas de "capacidades" (também expressas como um verbo).relativamente heterogéneas, apresentadas pela comunidade europeia, Espanha ou França, onde entidades tão distantes como, por exemplo, "domínio dos conhecimentos básicos em matemática" (por outras palavras, algo relativamente preciso) e "domínio dos conhecimentos básicos em matemática" (por outras palavras, algo relativamente preciso) se encontram lado a lado no mesmo plano É difícil definir os contornos desta "cultura humanista" (ênfase acrescentada) e, a fortiori, as formas como esta pode ser apropriada pelo indivíduo!Em suma, o exercício de dar conteúdo a competências-chave é particularmente difícil e há que reconhecer que ainda se baseia em abordagens muito empíricas. Além disso, as formas como esta noção é abordada no quadro das políticas educativas têm pouco em comum com a sua abordagem nas ciências de gestão.

III.5. Competências-chave: uma vantagem competitiva

Assim, na literatura dedicada à gestão organizacional, o termo competências-chave não se enquadra na mesma lógica que a que acaba de ser descrita para o campo da educação e formação. De facto, longe de corresponder a um padrão de desempenho ou a construções individuais que permitem que uma grande parte (se não toda) da população acompanhe as mudanças no seu ambiente, as competências-chave para uma organização correspondem àquelas que são consideradas: "Como essenciais e o apoio de uma vantagem competitiva sustentável. Têm a característica de serem impossíveis de imitar devido à sua especificidade, ao seu carácter tácito e à sua complexidade". (Retour, 2006, p. 95) Estas competências-chave são também identificadas como competências estratégicas que as organizações devem adquirir (em particular, através de uma política de recrutamento adequada) e desenvolver a fim de "se diferenciarem dos seus concorrentes, desenvolverem as suas actividades, inovarem ou terem flexibilidade suficiente para se adaptarem às novas exigências do ambiente" (Retour, ibid.., Assim, a aceleração das mudanças no ambiente (disponibilidade e custo das matérias-primas, forte concorrência, multiplicação das normas regulamentares, exigências dos clientes, etc.), torna cada vez mais necessária a evolução dos empregos e das competências necessárias para os manter; daí o desenvolvimento do GPEC, o aumento da mobilidade profissional, a frequência da reciclagem, a legitimação da aprendizagem ao longo da vida, etc.Do mesmo modo, há uma ênfase crescente no potencial representado pelo aspecto incorporado (Leplat, 1997) das competências que, embora permaneçam em acção (Vergnaud, 1990), podem revelar-se particularmente valiosas para a organização. Esta última pode descobrir, de facto, por ocasião de uma reforma ou de uma mobilidade profissional, que esta competência em acção desapareceu, de facto, era indispensável para o exercício da sua actividade. Na literatura, há muitos exemplos deste tipo, que mostram claramente o interesse despertado nas últimas décadas pela noção de competência no seio das organizações. De passagem, estes exemplos mostram que o significado dado às competências-chave (explícitas ou em acção, individuais ou colectivas e que conduzem a uma vantagem competitiva) é, do ponto de vista da organização, muito diferente do que prevalece no campo da educação e da formação.Além disso, é de salientar que, nestas mudanças no trabalho, os indivíduos são cada vez mais responsabilizados pelas suas competências e empregabilidade. Por outras palavras, o trabalho prescrito, ao contrário da descrição extremamente precisa que lhe é dada pelo Taylorismo, está a tornar-se cada vez mais discricionário (Pastré, 1999). Trata-se portanto de os trabalhadores desenvolverem as competências que lhes permitem assumir as responsabilidades que lhes são delegadas, implementando ao mesmo tempo os meios adequados para atingir os objectivos fixados pela direcção. Deste ponto de vista, as competências-chave, entendidas como pertencentes às três categorias estabelecidas pela OCDE, são obviamente decisivas para a realização bem sucedida desta tarefa, mesmo se, como Dejours (2012) assinala, em muitos casos, o empregado sofre de empregado, devido ao facto de não poder dispor dos meios necessários para atingir os objectivos que lhe são fixados.

III.5.1. Competências-chave: heterogeneidade de conceitos e conteúdos

A ideia central de que é importante saber se, "no final da sua escolaridade obrigatória", os estudantes "possuem os conhecimentos e competências essenciais para a participação na sociedade" (OCDE, 2005, p. 5) há muito tempo que define a política de educação no caminho da definição e avaliação destas realizações. Inicialmente colocada essencialmente em termos de normas centradas no conhecimento e competências básicas centradas na "leitura, escrita e contagem", a introdução de avaliações comparativas internacionais contribuiu largamente para a promoção da noção de competência (particularmente através da abordagem baseada na competência) e das noções de competências básicas e competências-chave. No entanto, apesar dos esforços feitos para definir quadros e recomendações com vista a uma harmonização máxima, as muitas iniciativas destinadas a defini-las e a especificar o seu conteúdo revelaram-se muito heterogéneas, tanto em termos dos conceitos subjacentes como da própria expressão destas competências-chave. Assim, a competência e as competências-chave permanecem profundamente marcadas pela imprecisão de uma literatura muito abundante, mas da qual não surgiu um quadro teórico consensual que pudesse eliminar as ambiguidades que elas transmitem.

III.5.2. As contribuições das teorias de actividade

Apesar de algumas excepções (por exemplo, Gilbert, Raulet-Croset, Mourey, D, & Triomphe, 2013), as teorias da actividade são pouco valorizadas nas abordagens à competência, embora se deva salientar que em França, a didáctica profissional e certas orientações da ergonomia ou mesmo da clínica de actividade, foram largamente inspiradas por elas, em particular com referência ao trabalho de Gérard Vergnaud (Clot, 1997; Pastré, Mayen, & Vergnaud, 2006; Rabardel, 1995). Contudo, num sentido lato, as teorias de actividade oferecem alguns conceitos cruciais para dar conta da mobilização e construção de competências.

III.5.3. O conceito de padrão

Isto é particularmente verdadeiro do conceito de esquema, que Piaget fez uma das pedras angulares da psicologia do desenvolvimento. Para este autor, a actividade é estruturada no indivíduo de uma forma relativamente invariável para incorporar os elementos do seu ambiente (assimilação), mas esta estrutura da actividade é também reorganizada (alojamento) de acordo com as perturbações, mais cedo ou mais tarde encontradas durante a assimilação (Piaget, 1975). No entanto, Piaget apenas define o esquema globalmente, como uma estrutura relativamente invariante que pode ser mobilizada para lidar com diferentes situações.Na extensão do trabalho de Piaget, Vergnaud (1990) propõe a teoria dos campos conceptuais, que inclui uma dupla definição do esquema. Esta última é apresentada como ambas: "uma organização invariante de conduta para uma classe de determinadas situações" (Vergnaud, 1990, p. 136), e também como "uma totalidade dinâmica funcional" (Vergnaud, 1990, p. 46), compreendendo quatro elementos constituintes: "invariantes operacionais", "invariantes funcionais", "invariantes funcionais" e "invariantes funcionais". "Inferências", "regras de acção" e "antecipações". Assim, para Vergnaud, a organização de qualquer actividade pressupõe, ao mesmo tempo, conceptualizações que a encontraram (invariantes funcionais), regras de acção que permitem produzir um resultado, antecipações deste resultado e, finalmente, ajustamentos (inferências) de acordo com as especificidades da situação e da tarefa, no momento da mobilização do esquema.Podemos então sublinhar que este último componente desempenha um papel muito importante na dinâmica do esquema, porque é nele que repousa a sua adaptação pró-activa, ao longo de toda a sua mobilização.

III.5.4. O conceito de regulação

Além disso, Piaget (Piaget, 1975), tal como outros autores (por exemplo, Faverge, 1966; Leplat, 2006), é responsável por uma segunda forma de adaptação, desta vez de carácter retroactivo, através do conceito de regulação, concebida como uma retoma modificada da acção tendo em conta os resultados obtidos. Assim, como Samurcay e Rabardel (2004) salientam, a "actividade finalizada realizada, dirigida e controlada pelo sujeito psicológico, a fim de realizar as tarefas que ele ou ela deve realizar de acordo com as características das situações" (actividade produtiva) é acompanhada de uma actividade construtiva "dirigida e controlada pelo sujeito que a realiza, a fim de construir e desenvolver as suas competências de acordo com as situações e campos de acção profissionais" (Samurcay & Rabardel, 2004, pp. 166 e 167). Quanto à natureza desta actividade construtiva, é possível analisá-la, como faz Pastré (1997) com referência a Piaget (1974), de acordo com duas formas: "coordenações ágeis", representando uma mudança apenas na forma de produzir o resultado esperado, e "coordenações conceptuais" na origem de uma mudança, desta vez induzida por uma modificação das conceptualizações subjacentes à acção. Por seu lado, Cellérier (1979) e Bastien (1984) avançaram a ideia de que o assunto é por vezes levado a fazer alterações no decurso da actividade, passando do raciocínio "no espaço problemático" (na lógica da própria actividade) para o raciocínio "no espaço problemático" (relativo à relevância da própria actividade), sugerindo assim uma terceira forma importante de regulação.

III.5.5. O conceito de instrumento psicológico

Finalmente, em consonância com o trabalho da escola russa e, em particular, as contribuições de Vygotski (1930/1985) sobre o conceito de instrumento psicológico, Rabardel (1995) insiste no facto de que qualquer actividade é mediada por "artefactos", materiais ou simbólicos, e portanto pressupõe processos O termo "instrumentalização" é utilizado para descrever o processo de "instrumentalização" e "instrumentação". A instrumentalização é: "dirigida ao artefacto" em termos de "selecção, agrupamento, produção e instituição de funções, desvio e cataclismo, atribuição de propriedades, transformações do artefacto" (Rabardel, 1995, p. 137). A instrumentação é orientada "para o próprio sujeito" e refere-se à "emergência e evolução dos padrões de utilização e acção dos instrumentos: constituição, funcionamento, evolução através da acomodação, coordenação, combinação, inclusão e assimilação recíproca, assimilação de novos artefactos a padrões já constituídos, etc.". (Rabardel, 1995, p. 137).

III.5.6. MADDEC: um modelo de competências individuais e colectivas

Na lógica das teorias de actividade e com base nos conceitos de esquema, regulação e instrumento psicológico, Coulet (2011) apresenta um modelo funcional (MADDEC) para dar conta tanto das competências individuais como colectivas (ver Figura 1). De acordo com este modelo, a competência é definida como: "Uma organização dinâmica da actividade, mobilizada e regulada por um sujeito para fazer face a uma dada tarefa, numa dada situação" (Coulet, 2011, p.17).

Figura 1: Modelo de Análise Dinâmica para Descrever e Avaliar Habilidades.

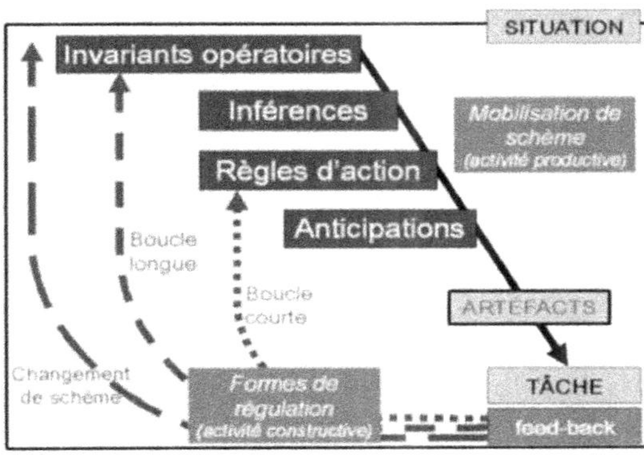

Este modelo de competência torna assim explícitos os dois processos dinâmicos que o caracterizam. O primeiro corresponde à sua mobilização para lidar com uma dada tarefa num dado contexto. A este nível, as inferências (como componente do esquema) desempenham um papel essencial uma vez que asseguram a adaptação do esquema (cobrindo uma classe de situações) à situação singular com a qual é confrontado, aqui e agora. Para tal, baseiam-se na experiência passada (filogenética, sociogenética e ontogenética que transmite) para escolher (de entre todas as disponíveis) as regras de acção mais adequadas às circunstâncias presentes.É claro que, dependendo da riqueza desta experiência e das regras de acção disponíveis, o ajustamento da actividade às circunstâncias presentes será mais ou menos eficaz. Isto permite-nos compreender uma das diferenças essenciais Isto permite-nos afastar uma concepção maniqueísta de competência, baseada na dicotomia: "competente / não competente". O segundo processo corresponde à própria construção da experiência através dos laços de regulação, cuja natureza conduz a formas de capitalização muito diferentes umas das outras. Enquanto uma regulação de ciclo curto corre o risco de se limitar à correspondência de "regras de acção a circunstâncias particulares" (cf. Pastré,

1997, a noção de coordenação agêntica), uma regulação de ciclo longo pode levar à compreensão das razões do sucesso ou do fracasso (cf. Pastré, 1997, a noção de coordenação conceptual). Podemos então compreender outra diferença entre o perito e o novato: o primeiro concentra-se mais facilmente no que explica os resultados, enquanto o segundo procura acima de tudo o sucesso (Pouté, & Coulet, 2007; Coulet, 2014b).Além disso, o autor salienta (Buela-Bronckart & Bronckart, 2005; Coulet, 2012; Coulet, 2013) que toda a actividade humana se desenvolve simultaneamente em três planos distintos: orientação para o objecto da actividade, orientação para os outros, orientação para si próprio e que, além disso, os artefactos a medeiam (Rabardel, 1995). Além disso, toda a actividade humana está situada numa hierarquia de actividades, uma vez que as regras de acção do modelo nada mais são do que esquemas subordinados a um esquema de nível superior que, por sua vez, é a regra de acção de um esquema ainda mais geral. Quanto à actividade colectiva, é concebida como tendo as propriedades de um esquema cujas regras de acção são produzidas por actividades individuais.No conjunto, tal abordagem das competências individuais e colectivas permite dissipar algumas das imprecisões das definições tradicionais, oferecendo um quadro preciso e teoricamente fundamentado para descrever competências individuais e colectivas (ver Quadro 3, após Coulet, 2013). Além disso, a distinção de três ciclos de regulação através dos quais o indivíduo pode capitalizar a experiência das situações com as quais é confrontado, abre perspectivas para fazer escolhas deliberadas relativamente àquelas que se procura promover pedagogicamente na formação (cf. Coulet, 2010; Chauvigné & Coulet, 2010).

Quadro 3: Quadro de Descrição de Competências.

<table>
<tr><th rowspan="2"></th><th colspan="2">Invariantes operacionais</th><th rowspan="2">Inferências</th><th rowspan="2">Regras de acção</th><th rowspan="2">Antecipações</th><th rowspan="2">Artefactos</th><th rowspan="2">Observações</th></tr>
<tr><th>Teoremas - em acção</th><th>Conceitos - em acção</th></tr>
<tr><td>Orientação para o objecto</td><td></td><td></td><td></td><td></td><td></td><td></td><td></td></tr>
<tr><td>Orientação para os outros</td><td></td><td></td><td></td><td></td><td></td><td></td><td></td></tr>
<tr><td>Orientação para si próprio</td><td></td><td></td><td></td><td></td><td></td><td></td><td></td></tr>
</table>

Assim, com o objectivo de construir um quadro de referência de competências, é possível descrever, a partir deste quadro (Quadro 3), por exemplo, as competências de um psicólogo (Coulet, 2014c) como mobilizando duas regras de acção, repartidas nos três níveis (cf. Quadro 4) em que se desenvolve qualquer actividade (relação com o objecto da actividade, relação com os outros e relação consigo próprio), e depois especificar as suas características (cf. Quadro 5, explicando uma possível formalização da competência: "compreensão do comportamento humano com base nas teorias e conceitos da psicologia", ao nível da relação com o objecto da actividade).

Quadro 4: Um exemplo de uma descrição das competências genéricas de um psicólogo.

	Orientação para o objecto da actividade	Orientação para os outros	Orientação para si próprio
Compreender os comportamentos humanos	Por exemplo Análise das necessidades Avaliação	Por exemplo Respeito da éticae normas profissionais Aderência às teorias e métodos de investigação	Por exemplo Manter uma neutralidade benevolente Actualizar as suas próprias competências
Actuando directa ou indirectamente Sobre o comportamentos humanos	Por exemplo Intervenção Comunicação de resultados	Por exemplo Respectof ética e normas profissionais Comunicação com pares, instituições, etc.	Por exemplo Avaliação das próprias actividades Capitalização da sua experiência

Este exemplo mostra a riqueza deste tipo de sistema de referência de competências e compreender o quanto pode ser valioso quando está habituado a É uma questão de estabelecer objectivos de formação (por exemplo, com base nas regras de acção a adquirir, nos artefactos a utilizar, nos invariantes operacionais a mobilizar, incluindo em termos de valores, normas, etc.)) ou quando se tem de encontrar critérios para avaliar competências (por exemplo, utilizando esta grelha para analisar as verbalizações de um indivíduo descrevendo uma ou outra das suas actividades; cf. Pouté & Coulet, 2007). Além disso, este exemplo mostra o interesse que um tal quadro analítico pode ter na orientação de um indivíduo na criação de uma carteira. Dito isto, resta saber quais as contribuições deste ponto de vista para a perspectiva do trabalho sobre competências básicas e competências-chave.

Quadro 5: Exemplo de uma descrição analítica de uma competência genérica de um psicólogo.

<table>
<tr><th>Types de composantes impliquées dans la mobilisation de la compétence</th><th colspan="2">Nature des composantes impliquées dans la mobilisation de la compétence : « Comprendre les conduites humaines ; orientation vers l'objet de l'activité »</th></tr>
<tr><td>Résultats attendus de l'activité engagée (Anticipations)</td><td colspan="2">• Une analyse des besoins
• Un diagnostic individuel et/ou de groupes
• ...</td></tr>
<tr><td>Modalités de mise en œuvre (Règles d'action)</td><td colspan="2">• Analyse de la demande et de son contexte
• Choix des théories et concepts / écoute active de la demande
• Décrire les principaux éléments du contexte
• Reformuler la demande et contractualiser la mission
– Décrire les principaux éléments du contexte
– Reformuler la demande et contractualiser la mission
– ...
• Établir un diagnostic
– Choisir une méthode d'investigation
– Collecter et interpréter les données
• Focaliser son attention sur les différents aspects de la compétence du client
• ...</td></tr>
<tr><td>Possibles ajustements en fonction des circonstances (Inférences)</td><td colspan="2">• Le contexte
• Les individus ou les groups concernés
• La hiérarchie des besoins
• ...</td></tr>
<tr><td rowspan="2">Fondements conceptuels de l'activité (Invariants opératoires)</td><td>Justification de l'activité (Théorèmes-en-acte)</td><td>• Théories et concepts de la psychologie, convictions personnelles, valeurs...
• Normes professionnelles, le contexte...
• ...</td></tr>
<tr><td>Focalisations pour optimiser l'activité (Concepts-en-acte)</td><td>• Distinction entre les faits et l'interprétation des faits
• Composantes des compétences du client
• ...</td></tr>
<tr><td>Artéfacts utilisables</td><td colspan="2">• Gilles d'observation
• Techniques d'entretien
• Techniques d'analyse textuelle
• ...</td></tr>
<tr><td>Indicateurs de resultats (Feed-back)</td><td colspan="2">Consistance des informations collectées
Validation par le client
...</td></tr>
</table>

III.5.7. Competências nucleares e essenciais à luz do MADDEC

Se dermos algum crédito ao MADDEC por informar sobre competências e se nos referirmos às Tabelas 3, 4 e 5, é evidente que podemos apreender qualquer tipo de competência desta forma, incluindo aquelas que são consideradas, com ou sem razão, como competências básicas ou competências chave. Assim, por exemplo, podemos considerar, com referência à definição de competências-chave proposta pela OCDE (OCDE, 2005), que "agir autonomamente" é um padrão genérico cujas regras de acção são :

✓ "Actuar no Contexto Global";

✓ "Desenvolvimento e Realização de Projectos de Vida e Programas Pessoais;

✓ "Defender e afirmar os seus direitos, interesses, limitações e necessidades; e cujos componentes poderíamos tentar especificar (o que não é feito) no modelo do que é proposto no Quadro 5.

III.5.7.1. O paradoxo das definições

Se ficarmos com este exemplo e olharmos para as rubricas das Tabelas 3 e 5, apercebemo-nos de que a definição da competência chave "agir autonomamente", mesmo com as suas três regras de acção, deixa muitos elementos no escuro (todas as caixas da tabela permanecem por preencher), embora sejam de grande interesse em termos de competências chave. Por exemplo, não dizer nada sobre os elementos que se deve (ou pode, ou escolhe) considerar verdadeiros para agir autonomamente, escapa a toda a questão do que justifica tal e tal concepção de autonomia (incluindo o conhecimento que ela implica). No entanto, estas concepções (aqui, de autonomia) podem revelar-se mais ou menos adaptadas a uma dada situação e explicar em grande medida a diferença entre um perito em "agir autonomamente", em comparação com indivíduos menos competentes do que ele a este respeito. Evidentemente, análises semelhantes poderiam ser feitas, relativamente aos outros componentes (colunas do Quadro 3 ou linhas do Quadro 5) e dimensões (linhas do Quadro 3) da competência em consideração ou, mais uma vez, sobre as outras competências-chave deste e de muitos outros sistemas de referência. Conduziriam certamente, da mesma forma, ao paradoxo da definição de competências-chave, entendidas como um nível mínimo, médio ou básico (de acordo com as concepções discutidas acima) a ser alcançado, ainda que sejam, na sua forma actual, expressas como se abrangessem uma entidade unívoca que só pode ser apreendida de forma binária: o indivíduo ou tem ou não tem a competência em questão.

III.5.7.2. Competências ou características chave de qualquer competência?

Além disso, certas competências-chave como "processamento de informação" e "resolução de problemas" levantam outra dificuldade: não só não oferecem alternativa a uma avaliação binária, como correspondem a processos envolvidos em todas as competências humanas, incluindo as encontradas em bebés. De facto, como podemos imaginar que uma criança não processa informação ou não resolve problemas? De um ponto de vista mais teórico, qualquer competência, tal como descrita pelo MADDEC em termos de mobilização do esquema, implica necessariamente ajustamentos do esquema (inferências, no modelo) às características da situação em que é mobilizada e, consequentemente, um processamento da informação fornecida por esta situação. Além disso, uma vez que estas inferências conduzem à escolha das regras de acção mais relevantes em relação a esta situação, podemos dizer que a mobilização de um esquema é uma verdadeira solução de problemas, especialmente se considerarmos que as perturbações que encontra dão origem a regulamentos que visam modificá-lo (regulamentos de ciclo curto ou longo), ou mesmo alterá-lo (regulamentos de tipo de mudança de esquema). Por conseguinte, é difícil ver que relevância há em considerar o processamento de informação ou a resolução de problemas como competências-chave, que, a priori, se espera que sejam diferentes de muitas outras que não são precisamente competências nucleares!

III.5.7.3. A questão central das conceptualizações

Como vimos anteriormente, a formalização dos quadros de competência chave acima mencionados não faz qualquer referência a níveis de competência diferenciados. A primeira consequência disto é a necessidade de trabalhar sobre eles, a jusante da sua concepção, a fim de os tornar operacionais no que diz respeito ao seu objectivo principal, que é, por exemplo

✓ Para a base comum, determinar: "Tudo o que é essencial para dominar no fim da escolaridade obrigatória".

✓ Pela recomendação do Parlamento Europeu e do Conselho, para determinar as competências que "são necessárias a cada indivíduo para o seu crescimento e desenvolvimento pessoal, a sua cidadania cívica, a sua integração social e a sua vida profissional".

Este trabalho a jusante baseia-se essencialmente na avaliação de competências-chave e acontece que, como Gordon et al (2009, p. 5) salientam, para a comunidade europeia: "A avaliação da aquisição de competências-chave pelos alunos é uma tarefa complicada e difícil". No seu estudo da avaliação das competências inter-curriculares (como o pensamento crítico, a criatividade, a capacidade de resolução de problemas, a avaliação de riscos, a capacidade de decisão e o controlo racional dos sentimentos) nos Estados Membros, estes autores afirmam: "Com base nos dados recolhidos nos perfis dos países e estudos de caso, podem ser distinguidas quatro abordagens a esta avaliação:

✓ Abordagem 1: Avaliação explícita das competências inter-curriculares chave: estas são então claramente definidas e expressas como padrões de competência para cada disciplina ou actividade.

✓ Abordagem 2: avaliação implícita das competências-chave inter-curriculares: estas só são avaliadas na medida em que se exprimem nas várias disciplinas ou áreas de actividade.

✓ Abordagem 3: Avaliação de competências específicas de disciplina: A avaliação centra-se mais nas competências disciplinares específicas do que nas competências inter-curriculares.

✓ Abordagem 4: Avaliação do conhecimento em vez de competências: esta é a abordagem tradicional da avaliação que resiste apesar do desenvolvimento de competências-chave.

Pode-se ver que ou a avaliação é feita explicitamente através da definição de uma norma (o que nos remete para o problema anterior de uma avaliação binária

(competente / não competente em relação a esta norma), ou é feita implicitamente, ou não é feita de todo.Claramente, só se pode sair destas dificuldades caracterizando as competências-chave em relação a um modelo teórico que permita a explicação das diferentes componentes funcionais da competência, e especialmente as conceptualizações (ou invariantes operacionais na teoria de Vergnaud (1990) dos campos conceptuais e retomada em MADDEC). Tal objectivo parece estar subjacente às avaliações propostas no PISA 2012, quando encontramos as competências de resolução de problemas analisadas a seguir (OCDE, 2013, p. 138) "As competências que caracterizam o desempenho dos estudantes em cada nível da escala serão descritas após análise dos conhecimentos e competências necessárias para completar as tarefas correspondentes ao seu nível e as características destas tarefas (ver Quadro 4.1). Muito provavelmente, as seguintes capacidades caracterizarão os estudantes com elevado desempenho: Capacidade de planear e executar soluções que envolvam pensar através de uma série de passos e cumprir numerosos constrangimentos, utilizando aptidões de raciocínio agudo, acompanhando o progresso no sentido de atingir um objectivo ao longo do processo de resolução e de mudar de estratégia, se necessário.Capacidade de compreender informações díspares e estabelecer ligações entre elas, mesmo que estejam representadas de formas desconhecidas. Capacidade de interagir sistematicamente com problemas e descobrir propositadamente informação oculta. Os estudantes que não tenham atingido um nível básico de proficiência
será provavelmente melhor caracterizada pelas seguintes faculdades:

✓ Capacidade de planear e executar soluções que envolvem um número limitado de passos.

✓ Capacidade de resolver problemas com uma ou duas variáveis e uma ou nenhuma restrição.

✓ Capacidade de formular princípios simples e de descobrir informações ocultas durante uma exploração desorganizada".

De facto, podemos ver aqui a preocupação de caracterizar os elementos de competência dos estudantes acima da norma de referência, por um lado, e os abaixo, por outro. Contudo, estes elementos são colocados sem referência a um modelo teórico, o que significa que encontramos elementos que caracterizam as tarefas ("problemas com uma ou duas variáveis e uma ou nenhuma restrição"; "número de passos" ;Estes elementos são expressos como competências, de certa forma ainda mais específicos do que aqueles que são avaliados e designados em termos de "capacidades", ou mesmo "aptidões". faculdades": "formular princípios simples"; "descobrir informação oculta"; "planear"; "executar soluções envolvendo um número limitado de passos"; "interagir sistematicamente com problemas"; "compreender fragmentos díspares de informação", etc. Contudo, há todos os motivos para acreditar que por detrás destes comportamentos, existem invariantes operacionais, ou seja, propostas consideradas verdadeiras, correctas ou erradas (por exemplo: nos problemas, há frequentemente informação oculta que deve ser descoberta), bem como conceitos, correcta ou erradamente mobilizados como tendo de ser tidos em conta para elaborar uma solução (por exemplo: os constrangimentos a respeitar, as etapas de resolução, a informação oculta...). Há também todos os motivos para acreditar que estas conceptualizações estão organizadas em "perfis" nos quais se agrupa um certo número de estudantes e que se poderia tentar classificar, abaixo e acima da norma.

III.6. CONCEITOS DE DESEMPENHO

O desempenho na sua abordagem teórica integra várias noções das quais as mais importantes são: crescimento do negócio, rentabilidade, rentabilidade, produtividade, eficácia e eficiência. Para ser competitiva, cada empresa deve ser eficiente, ou seja, melhor do que os seus concorrentes tanto na sua estratégia como na sua organização, que é responsável pode ou deve agir sobre os parâmetros de desempenho e deve ser responsável pelo seu desempenho e pela utilização dos meios colocados na sua autoridade.vários autores definiram a palavra desempenho. Destes, retemos o seguinte:

✓ Para CHARREAU, o desempenho é a capacidade da empresa para atingir os seus objectivos estratégicos, adoptando as melhores formas de fazer as coisas.

✓ O termo desempenho é normalmente utilizado na avaliação de empresas, e mais particularmente no controlo de gestão, e todos se perguntam o que é uma empresa ou organização de alto desempenho:

- É o que faz bons lucros?
- Ou aquele que resiste às mudanças no seu ambiente?
- Ou aquele que preserva os empregos, que salva o seu ambiente?

Este conjunto de questões mostra que a noção de desempenho é multidimensional, o que levanta a questão da sua definição e as de algumas noções relacionadas, depois das diferentes performances que podem ser destacadas numa empresa.

III.6.1. Desempenho e conceitos relacionados

Na gestão, o desempenho é a realização de objectivos organizacionais" (Bourguignon A). O desempenho é o resultado de acções coordenadas e coerentes, que mobilizaram recursos (pessoal, investimentos), o que supõe que a organização tem um potencial de realização (competências do pessoal, tecnologia, organização, fornecedores, etc.). O desempenho pode ser expresso principalmente em termos contabilísticos e financeiros: chama-se desempenho financeiro e depende da capacidade de :

- ✓ Obtenção de recursos ao menor custo;
- ✓ Preservá-los e preservar o património;
- ✓ Utilizá-los da forma mais produtiva possível.

O desempenho estratégico é de natureza mais geral: é a capacidade de determinar e implementar boas estratégias no âmbito dos seus objectivos. Estes objectivos são variados: pode ser tornar-se a maior empresa do mundo, ou permanecer uma empresa de sucesso numa especialidade, ou mesmo ser a mais capaz de atingir os objectivos que estabeleceu para si própriaAchievement é comparada com objectivos, utilizando um conjunto de indicadores, quantificados ou não. A comparação implica uma forma de concorrência: fazer melhor do que no período anterior, para alcançar ou superar os concorrentes. Para MACHESNAY, o desempenho da empresa é definido como o grau de realização do objectivo desejado. A análise dos objectivos revela três medidas de desempenho, nomeadamente: eficácia, eficiência e eficácia. Na gestão, o desempenho é a realização dos objectivos de organização. No entanto, não existe intrinsecamente. É definido pelos utilizadores da informação em relação a um contexto de tomada de decisão caracterizado por um domínio e um horizonte temporal. Permite à empresa estimar a sua eficácia, mas também a sua eficiência.

Eficácia: é o resultado obtido em relação ao nível do objectivo pretendido. Descreve a capacidade de uma pessoa, de um grupo ou de um sistema para atingir os seus objectivos ou os objectivos estabelecidos para ela. Ser eficaz seria, portanto, produzir os resultados esperados e alcançar os objectivos estabelecidos. Por outras palavras, estaria a fazer as coisas certas quando e onde elas são necessárias ou simplesmente a obter bons resultados. A eficiência é medida em termos do rácio de rotatividade do capital empregado.

Eficiência: é o resultado obtido em relação aos meios utilizados. Eficiência refere-se ao facto de uma empresa alcançar os seus objectivos com o mínimo de meios possível. Por conseguinte, reflecte a produtividade de uma entidade, uma vez que relaciona os resultados obtidos com os recursos consumidos. A eficiência também pode ser expressa por vários outros conceitos, tais como :
Produtividade: Representa a relação entre uma produção e um volume de factores consumidos;

Rentabilidade: Este é o rácio entre um lucro e os seus custos associados.

Economia: A economia consiste em obter os recursos necessários ao menor custo (Bouquin, H).

Rentabilidade: A rentabilidade é um conceito muito próximo do desempenho e refere-se à "capacidade de uma empresa para produzir um resultado expresso em unidades monetárias".

Representa a relação entre o lucro e o capital investido. A rentabilidade de uma forma global inclui duas noções distintas: rentabilidade económica e rentabilidade financeira. Estas duas rentabilidades constituem a chamada rentabilidade retrospectiva, que permite a avaliação do Modelo de Preços de Activos de Capital (CAPM), que pode ser utilizado para calcular uma taxa de desconto pelo custo médio ponderado do capital; por oposição à rentabilidade prevista, que permite a utilização de fluxos de caixa para assegurar uma avaliação que tem em conta os desfasamentos temporais da empresa.

III.6.2. Rentabilidade económica

É uma medida do desempenho económico da empresa na utilização de todo o seu capital "empregado", ou seja, de todos os seus activos financiados por capital permanente.

III.6.3. Rentabilidade financeira

Chama-se também return on equity ou rendimento do capital próprio, e é a expressão do resultado líquido em relação ao capital investido pelos accionistas. É por isso que, ao contrário da rentabilidade económica, que não é significativa para os fornecedores de capital, a rentabilidade financeira é seguida mais de perto por eles.
A rentabilidade financeira corresponde ao que a contabilidade anglo-saxónica chama "Return on Equity" ou "ROE" e expressa a capacidade do capital investido pelos accionistas e associados para gerar um certo nível de lucro.

III.7. Dimensões do desempenho

III.7.1. Desempenho económico

O desempenho económico reflecte os resultados apresentados pelas contas. Para as empresas comerciais, a margem comercial = vendas de mercadorias - custos de compra de mercadorias vendidas. Para as empresas industriais, este fluxo corresponde à produção: produção do ano = produção vendida + produção armazenada + produção capitalizada.

Valor acrescentado: este equilíbrio representa a contribuição produtiva ou o valor
criado pela empresa.

Valor acrescentado = produção menos compras a terceirosO excedente de exploração bruto (GOE): corresponde ao resultado económico bruto ligado à actividade operacional da empresa. O EBITDA é a verdadeira rentabilidade da operação.

EBITDA= VA+ Subsídios à exploração - impostos e pagamentos similares - custos de pessoal

Rendimento bruto de exploração: este saldo corresponde aos recursos adicionais necessários para financiar futuros investimentos e eficiência de exploração após subtracção das despesas financeiras.

GOI= EBITDA+ Resultado financeiro
Rendimento líquido (NI): permite aos accionistas e analistas financeiros para avaliar a rentabilidade e o desempenho da empresa

NR = rendimento bruto de exploração + rendimentos extraordinários - Impostos

III.7.2. Desempenho financeiro

O desempenho financeiro está intimamente ligado ao desempenho económico e é medido por vários rácios:

✓ Rentabilidade (ROE): Este rácio relaciona indicadores de resultados com indicadores relacionados com a quantidade de recursos utilizados. É o rácio mais frequentemente utilizado.
✓ ROE = Lucro do ano / Capital Próprio

A medição do desempenho financeiro é exigida por lei. Algumas organizações, tais como empresas, devem produzir documentos de síntese no final de cada período contabilístico: balanço e demonstração de resultados. Estes documentos e os seus apêndices contêm as informações básicas para medir o desempenho financeiro.

III.7.3. Desempenho comercial

É a capacidade da empresa para satisfazer os seus clientes, oferecendo produtos e serviços de qualidade que satisfazem as expectativas dos consumidores. As empresas que procuram desempenho comercial devem preocupar-se com as necessidades dos seus clientes e ter em conta as estratégias dos seus concorrentes, a fim de manter e desenvolver a sua quota de mercado. Os indicadores de desempenho comercial são: quota de mercado, fidelidade do cliente, atracção de novos clientes, satisfação do cliente, rentabilidade por segmento, por cliente, por produto, por mercado, ...

III.7.4. Características das empresas de sucesso

Várias características foram levantadas a fim de falar de uma empresa de sucesso. De facto, uma empresa de sucesso é uma empresa que é sustentável, rentável, e que produz e vende mais do que os seus concorrentes; uma empresa que atingiu os seus objectivos e metas dentro do prazo estabelecido e que é competitiva, eficiente e eficaz com base na flexibilidade do seu pessoal, rápida tomada de decisões, que cria valor, inovadora, reactiva, e em constante melhoria e progresso sustentado, etc.

III.7.5. Ligação entre Competência e Desempenho

O que é o desempenho, antes de mais nada? Encontrei um texto1 que me pareceu interessante para o sector não mercantil. O desempenho preenche quatro critérios:

✓ Eficácia: a medida em que uma organização é capaz de atingir os seus objectivos.

✓ Eficiência: a relação entre os resultados obtidos e os meios utilizados.puts in.

✓ Relevância: a capacidade de uma organização para satisfazer as necessidades dos intervenientes prioritários e ganhar o seu apoio no presente e para o futuro.

✓ Viabilidade financeira.

"Para assegurar o desempenho durante longos períodos de tempo, uma organização deve portanto desenvolver e implementar estratégias apropriadas, e as suas actividades e serviços devem permanecer realistas e relevantes para as necessidades das suas partes interessadas. Se o que uma organização faz é irrelevante, excessivamente ambicioso, ou dispendioso, a sua sobrevivência torna-se incerta".

Portanto, o desempenho é necessário para a sobrevivência de uma organização?de acordo com Peter Senge, as organizações que sobrevivem são as organizações que aprendem: "aquelas que estão constantemente a aprender e utilizam o que aprenderam para melhorar e ter um bom desempenho (Senge et al., 1994, 1999). É a capacidade da organização de manter os seus interessados satisfeitos". Aqui, encontro-me em território familiar: aprendendo e melhorando para continuar a satisfazer os beneficiários, as suas famílias, as autoridades de subsídios... e os próprios trabalhadores! E acrescento um fio condutor comum aos critérios de desempenho: o significado. Então, qual é o objectivo do desempenho? Justificar a utilização dos nossos recursos? OK, não há escolha de qualquer forma Fazer mais com menos? Está bem, sim, uma vez que estamos a receber cada vez menos. E assim, o desempenho é uma forma de cumprir as nossas missões: adaptar-se às necessidades em mudança, adaptar-se aos meios em mudança. E para além da "justa" adaptação, o desempenho seria uma forma de cumprir ainda melhor as nossas missões. Estamos a aproximar-nos de uma visão de desempenho que dá sentido ao nosso trabalho. Mas mais com menos também é assustador: e os riscos de burnout e o bem-estar dos trabalhadores? Talvez seja também aqui que encontramos um significado para o desempenho. Porque se em qualquer caso o contexto é o de reduzir os recursos financeiros e há menos de nós para fazer pelo menos o mesmo, o risco está lá para os trabalhadores. A optimização das nossas operações poderia, portanto, ser também do interesse dos trabalhadores, e portanto do interesse da organização, o que nos traz de volta à organização de aprendizagem e gestão de competências. O que significa, em termos concretos, trabalhar em conjunto de uma forma orientada para o desempenho?pensamos em três exemplos:Desenvolver um plano de formação que nos permita não só adaptar-se a condições financeiras em declínio, mas também preservar o bem-estar de todos e continuar a cumprir as nossas missões.trabalhar para uma melhor gestão do acolhimento de novos trabalhadores. Ser mais eficientes no nosso acolhimento, a fim de encorajar a rápida autonomia dos novos colegas. Quais são os benefícios? Reduzir o período de stress para a pessoa que integra a equipa e para os colegas que vêem a sua carga de trabalho aumentar com a formação da nova pessoa.melhorar a transferência de conhecimentos. Apoiar a capacidade dos alunos para aplicar o que aprenderam na formação no terreno. Porque é que querem fazer isto? Em particular, para tornar os aprendentes mais confortáveis quando têm de mudar os seus hábitos e possivelmente confrontar os métodos de trabalho daqueles que não participaram na mesma formação.para concluir, que significado deve ser dado ao desempenho no não mercado? Eu diria que o desempenho anda de mãos dadas com o significado. Significado para o beneficiário, significado para a equipa de trabalhadores. O desempenho de uma actividade não mercantil só faz sentido se visar prestar um melhor serviço, desenvolvendo e preservando ao mesmo tempo a sua matéria-prima: os seus recursos humanos. Inquestionavelmente, as teorias da actividade inspiradas por Vygotski, Piaget, Vergnaud e as contribuições de um certo número de investigadores que seguiram o caminho aberto por estes autores, oferecem um conjunto de conceitos extremamente úteis para a elaboração de um quadro teórico que permite definir com precisão o que é competência e afastar-se das concepções estáticas e substanciais que prevalecem (nomeadamente, as trilogias: "Além disso, esta abordagem da competência, através de teorias de actividade, permite também uma análise crítica das aptidões e competências básicas Neste sentido, podemos interrogar-nos se o que se afirma nestes quadros de referência de competências chave não são antes dimensões a ter em conta (áreas de formação ou competências) nas avaliações operacionais e na avaliação das aptidões e competências. A este nível, podemos perguntar-nos se o que é afirmado nestes quadros de competências-chave não são antes dimensões a ter em conta (formação ou domínios de competência) nas avaliações operacionais e nas práticas pedagógicas a construir, do que competências, pelo menos tais como as teorias de actividade permitem colocá-las.Quanto a estas avaliações operacionais, elas beneficiariam sem dúvida de ser apoiadas por um modelo teórico que lhes permitiria, por um lado, escapar ao paradoxo de se referirem a um nível a atingir para competências-chave definidas sem qualquer consideração possível de uma hierarquia (por exemplo, "cultura humanista") e, por outro lado, caracterizar as competências abaixo e para além da norma de referência em termos de tipos ou perfis de conceptualização, e isto, nos três planos sobre os quais toda a actividade humana se desdobra: a orientação para o objecto da actividade, a orientação para os outros e a orientação para si próprio.

CAPÍTULO IV GESTÃO E GESTÃO DOS RECURSOS HUMANOS

IV.1. Geral

Todas as empresas de sucesso necessitam de um sistema de gestão eficaz. A gestão é definida como uma tarefa fundamental que assegura o crescimento de uma organização. Este capítulo enfatiza a importância da gestão para a empresa e estabelece a ligação entre a gestão e a gestão de recursos humanos.

Gestão: um instrumento de primeira necessidade para atingir objectivos

Cada empresa tem várias pessoas a trabalhar em grupos com as suas respectivas tarefas. É papel da direcção ajudá-los a alcançar os objectivos estabelecidos para cada grupo, dando-lhes uma orientação comum para o esforço individual. Para atingir estes objectivos de forma eficiente, a gestão é o instrumento essencial que entra em jogo. A gestão deve ser utilizada para organizar os factores de produção, para agrupar, planear e gerir os recursos de uma forma eficiente para atingir os objectivos estabelecidos. A gestão é um instrumento essencial para dirigir os esforços do grupo no sentido da realização dos objectivos previamente estabelecidos. Assim, os gestores são obrigados a definir claramente os objectivos da empresa para garantir que nenhum tempo, dinheiro ou esforço seja desperdiçado. A gestão é a única ferramenta que permite que os recursos de homens, máquinas e dinheiro sejam bem coordenados. Com a gestão, é possível coordenar, dirigir e controlar estes recursos de uma forma que os torne rentáveis para a empresa.Por exemplo, o objectivo de um empregado é ganhar mais dinheiro e o objectivo da empresa é maximizar a produção. Assim, os empregados podem atingir os seus objectivos maximizando a produção. Isto também contribui para a realização dos objectivos da empresa. E esse é o objectivo da gestão, porque é isso que os líderes empresariais se esforçam por alcançar.

A gestão permite reduzir os custos e optimizar os lucros

Para além de atingir objectivos, o objectivo dos líderes empresariais é minimizar os custos enquanto aumentam os resultados. Com a gestão, isto pode ser feito através do planeamento, organização, direcção, recrutamento e controlo. É importante que cada líder saiba que a eficiência de uma empresa aumenta quando menos recursos são utilizados e os benefícios aumentam. Com um planeamento adequado, é possível alcançar resultados máximos com recursos mínimos. Um bom sistema de gestão permite que os recursos físicos, humanos e financeiros sejam utilizados de forma a alcançar a melhor estrutura possível. A gestão é a ferramenta ideal para fazer os esforços dos indivíduos dentro da empresa coordenados e sem sobreposições desnecessárias. Estabelecer uma estrutura organizacional racional de acordo com o objectivo da empresa é um dos objectivos da gestão. Para tal, é necessário definir claramente quem são os superiores e quem são os subordinados. Cada indivíduo da empresa deve estar na posição certa, com as competências, formação e qualificações requeridas. Um bom sistema de gestão conduz a empresa a uma melhor produção e contribui para o aumento do bem-estar dos empregados. Numa palavra, a gestão facilita o trabalho e evita o desperdício de recursos. A Gestão de Recursos Humanos tem evoluído desde a época em que a função foi chamada Administração de Pessoal. Já não é uma questão de administração, mas de gestão dos homens e mulheres da empresa. Mesmo que algumas pessoas ainda persistam na utilização do termo "capital humano", as pessoas que fazem da empresa o que ela é não são de modo algum um capital a ser "gerido". A questão é ainda mais sensível hoje em dia quando a "revolução digital" está a abalar significativamente os métodos de trabalho, as relações entre empregados e, de um modo mais geral, a própria gestão.E não são as recentes reformas da lei laboral, que fazem parte de uma visão totalmente arcaica da empresa e da sua sociologia, que irão ajudar a gestão de RH na sua tarefa, o que é no mínimo difícil de dizer, não contemos com a loucura dos supostos novos métodos de gestão, tais como a "empresa libertada". Se o tema é um best-seller, a realidade do campo espera muito mais do que as "receitas milagrosas" de que temos ouvido falar durante muitos anos... Vamos analisar mais de perto a Gestão de RH, que tem múltiplos aspectos, todos igualmente importantes. Nestas linhas propomos 6 partes principais indissociáveis, características desta actividade complexa e essencial para a implementação da estratégia e a gestão do desempenho.

1. Recrutamento e gestão da integração

Como encontrar, recrutar e manter os perfis mais competentes que cruelmente faltam? O desempenho de uma empresa depende sobretudo directamente das qualidades dos seus empregados, sejam eles motivados, inovadores ou dispostos a trabalhar em grupo.

2. Gestão de recompensas

A estimativa do salário justo depende de múltiplos parâmetros, dos quais não menos importante é a oferta de concorrência.

3. Gestão de carreiras e competências

Num mundo em movimento, as carreiras são geridas ao longo do tempo. As lendas actuais sobre a indispensável flexibilidade dos empregados que devem não só mudar de empresa permanentemente, mas também o seu trabalho de acordo com as suas necessidades são apenas isso, lendas. Leia o artigo sobre gestão de competências com um esclarecimento sobre competências ocultas.

4. Gestão da formação

Deve ser um jogo em que todos ganham e satisfazer tanto as necessidades de competências a curto prazo da empresa como o desejo dos empregados de construir uma carreira sólida a longo prazo.

5. Gestão social

A empresa é uma organização humana e, por isso, é confrontada com todos os aspectos das relações interpessoais. É também necessário ir mais longe e construir organizações mais humanas e mais pró-activas ao mesmo tempo. É um jogo em que todos ganham dentro da própria empresa. Para isso, é urgente desenvolver a autonomia dos grupos de trabalho e facilitar a tomada de decisões em equipa.

6. Avaliação do desempenho

Avaliação colectiva ou avaliação pessoal? O tipo de avaliação determina o estilo de gestão.

IV.1.1. Apresentação da função de recursos humanos

De uma perspectiva segmentada ou altamente especializada, poderíamos perguntar-nos porque é que os recursos humanos são utilizados nas empresas. Escolhemos uma abordagem contingente e, portanto, global neste livro, pois parece que não poderia ser de outra forma que não fosse fecharmo-nos num tecnicismo que apenas permitiria uma operacionalidade estritamente limitada.

No entanto, para chegar a esta conclusão, é necessário passar por uma série de passos, colocando a questão fundamental: O que é a **gestão dos recursos humanos (GRH)?**

"A gestão de recursos humanos é o conjunto de actividades que permitem a uma organização ter os recursos humanos correspondentes às suas necessidades em quantidade e qualidade.

Entre as actividades que permitem a uma organização ou empresa dispor de recursos, podemos identificar: recrutamento, remuneração, avaliação ou avaliação, gestão prospectiva de empregos e competências e carreiras, formação, negociação com todos os actores da empresa, mobilidade (incluindo despedimento) ...De facto, trata-se de organizar o processo de gestão em torno das pessoas, tanto para contar o jogo dos actores na negociação, as suas estratégias e as ferramentas mobilizadas.

P. Roussel dá a seguinte definição: "HRM é o conjunto de actividades que visam desenvolver a eficiência colectiva das pessoas que trabalham para a empresa. Sendo a eficiência a medida em que os objectivos são alcançados, a missão da HRM é liderar o desenvolvimento dos recursos humanos a fim de alcançar os

objectivos da empresa. O
HRM define as estratégias e os recursos de RH, os modos operacionais organizacionais e a logística de apoio para desenvolver as competências necessárias para alcançar os objectivos da empresa".

IV.1.2. Desde a função pessoal até à função de RH

Historicamente, a gestão dos homens durante o século XIX foi racionalizada. A partir de uma mão-de-obra dispersa e pluriactiva, a transição foi feita para uma mão-de-obra que se instalou nas cidades e já não exercia uma única actividade. Além disso, desenvolveram-se as primeiras grandes empresas, como ilustrado pelas empresas ferroviárias (138.000 empregados em 1869). A massa de trabalhadores a gerir tornou necessária a racionalização das práticas de gestão de pessoal. No final do século XIX até 1945, assistiu-se a uma verdadeira emergência da função, e também aqui os grandes grupos, nomeadamente a indústria automóvel (Renault), desempenharam um papel significativo. A racionalização da produção (antes do trabalho de Taylor naquela época) estava sob a influência de engenheiros (cf. "La logique de l'honneur" de P. d'Iribarne) e viu aparecer os primeiros elementos que estruturaram a vida do empregado.

- A 27 de Dezembro de 1890, nasceu o contrato de trabalho.
- A 24 de Maio de 1864, foi introduzido o direito à greve.
- Em 1910, foi criado o Código do Trabalho.
- Em 1919, foi criado o sistema de convenções colectivas.

Nessa altura, os patrões desenvolveram uma política social sob a forma de paternalismo (por exemplo, Schneider em Creusot)

As principais actividades do departamento de pessoal são:

- Recrutamento;
- Atribuição de pessoas nas oficinas.

Em seguida, intervir na centralização da função e a harmonização da investigação :

- Centralização do recrutamento;
- Harmonização dos procedimentos de classificação, sistemas de folhas de pagamento;
- Tendo em conta os sindicatos e os factores humanos (menos brutalidade na gestão de pessoas).

Durante os trinta gloriosos anos :

O contexto era propício à perpetuação das práticas de gestão de pessoal sob o impulso do Fordismo, à uniformização e uniformização dos postos de trabalho e ao prestígio da organização burocrática. Nesta altura, o movimento de relações humanas estava também a desenvolver-se, o que enfatizava o factor humano. A consciência de que a motivação e o desempenho estão ligados às condições de trabalho e à qualidade das relações humanas dentro da empresa.

De acordo com Weiss et al (1999), a função de pessoal é caracterizada, entre outras coisas, por

- Centralização: homogeneização dos estatutos, estruturação do seu modo de gestão, negociação com os sindicatos,
- Uma quase-tailorização da função com técnicas bem definidas e ordenadas,
- Profissionalização da função e procura de coerência com a estratégia da empresa.

Desde a década de 1970: Esquematicamente, a evolução da função de RH reflecte-se na passagem da função de pessoal, que é semelhante a uma abordagem administrativa ao RH, para a gestão de RH e de RH.

IV.1.3. As razões para esta evolução

Registamos uma mudança nos objectivos estratégicos da empresa. A padronização e o Fordismo estão a atingir os seus limites. Os requisitos contemporâneos dizem respeito a custos, qualidade e flexibilidade. Estas novas condições competitivas têm uma influência nos métodos de produção. Theln de facto, a aprendizagem é essencial porque, segundo Cadin e os seus colegas (2002)7 : "Quem aprende mais depressa que os seus concorrentes ganha. De facto, a aprendizagem é essencial porque, segundo Cadin e os seus colegas (2002)7 : "Aquele que aprende mais depressa do que os seus concorrentes ganha". Hoje em dia, as competências são cada vez mais elevadas e a cooperação dentro de uma equipa é uma fonte de desempenho e melhoria constante. Nota: a lógica do trabalho está a dar lugar à lógica da competência, uma vez que os empregados já não ocupam um posto de trabalho, mas são considerados como tendo competências. A ênfase nas competências e o seu impacto nas práticas de formação está ligada à necessidade de ter a quantidade e qualidade necessária de mão-de-obra.

Nos últimos anos, notamos:

- o peso do ambiente económico: o fraco crescimento leva a um HRM apertado, a previsões e a medidas de ajustamento.
- Desemprego;

• Internacionalização: o aumento da intensidade competitiva que impõe a caça dos custos, o aumento da produtividade, a utilização óptima do equipamento graças à organização do tempo de trabalho e à procura de flexibilidade;

• O peso dos parceiros sociais que enfatizam a individualização das soluções, a negociação... ;

• Evolução dos métodos de gestão desde a década de 1950. Práticas como o desenvolvimento organizacional, enriquecimento de tarefas, círculos de qualidade, qualidade total, etc., sucedem-se ou misturam-se entre si.

IV.2. Funções de gestão em Gestão de Recursos Humanos

Administração eficiente

Corresponde à implementação de uma organização descentralizada da função de RH e ao empoderamento da hierarquia. Assim, as actividades de GRH são parte integrante de certas funções (gestor do local, chefe de equipa, etc.)

Desenvolver a motivação e o envolvimento dos trabalhadores

As definições relativas ao conceito de motivação são abundantes. A motivação pode ser definida como o processo que rege o compromisso de uma acção desencadeando, dando direcção, intensidade e persistência a um comportamento. Manifesta-se em vários aspectos tais como entusiasmo, assiduidade, perseverança... Uma "reserva de energia", a motivação nasce do registo e regulação de numerosos parâmetros que permitem ao indivíduo :

✓ Para adaptar e compreender o ambiente e as situações dadas;

✓ Para escolher o investimento em tempo e direcção com a intensidade desejada;

✓ Assegurar a extensão da acção empreendida até à sua conclusão.

As considerações sobre a motivação e envolvimento dos empregados estão a crescer devido ao declínio do modelo de controlo e em relação a um ambiente cada vez mais competitivo. Atingir objectivos é sobretudo uma questão de subordinados que trabalham em conjunto (e não de intimidação...).

Estão a ser desenvolvidos novos modelos de GRH, em particular o proposto por Lawler9 (1988), de elevado envolvimento baseado na parceria e no envolvimento dos trabalhadores: participação e mobilização. É importante conhecer as expectativas dos empregados considerados como clientes, particularmente em termos de equidade, empregabilidade, realização, escuta e ética, e responder-lhes de acordo com uma lógica de reciprocidade, a fim de promover as atitudes e comportamentos desejados.

Os meios de acção são os seguintes:

✓ Variedade de tarefas,

✓ Partilha do poder,

✓ Promoção,

✓ Compensação,

✓ Participação,

✓ Formação...

Promover a mudança

Trata-se de encorajar comportamentos novos e eficazes através de formação e de certos programas de envolvimento, tais como novos arranjos de trabalho ou compensação.

Implementação da estratégia: propõe esta definição de estratégia: [2] "Processo de formulação e implementação de meios adequados para atingir os objectivos de uma empresa e para cumprir a sua missão num ambiente difícil de prever e competitivo". O Director de RH deve participar na definição da estratégia da empresa e deve assegurar que as consequências a nível de RH das decisões tomadas sejam tidas em conta a montante. O Director de RH deve assegurar que a estratégia de RH seja coerente com a da empresa e que a coerência das diferentes práticas de GRH entre elas seja assegurada, a fim de apoiar eficazmente a estratégia definida na cimeira estratégica.

IV.2.1. Uma abordagem contingente ao funcionamento

Teoria da contingência: cada ambiente de trabalho tem as suas próprias características que impulsionam as decisões e práticas. A evocação das principais razões que levaram à evolução da RHM durante o século XX, destaca a influência de factores internos mas também externos à empresa. Assim, a compreensão da evolução da GRH, mas também a definição e implementação de uma política de GRH, não pode ser feita sem ter em conta todos estes factores. Esta percepção está ligada à abordagem sistémica da GRH: a função "pessoal", que se tornou GRH, já não corresponde a uma série de actividades díspares sem referência a uma visão global. Os componentes do ambiente são tidos em conta porque têm influência nos recursos dedicados à GRH e nos objectivos prosseguidos. A GRH é um subsistema do sistema organizacional: deve, portanto, ter objectivos coerentes com os do sistema global. Finalmente, a GRH é influenciada por cada um dos outros subsistemas que compõem a organização. A abordagem sistémica requer uma definição dos objectivos a alcançar para assegurar uma melhor adaptação e permitir uma avaliação.

IV.2.2. Uma abordagem cliente-fornecedor

A Gestão de Recursos Humanos trabalha para quatro categorias de clientes:

1. O líder,
2. Accionistas,
3. Empregados,
4. Os sindicatos.

Estes clientes têm expectativas específicas que o DRH deve satisfazer para que o A HRM é considerada eficiente e criadora de valor.

IV.2.3. As principais tendências em GRH

IV.2.3.1. Uma função estratégica

Desde a década de 1980, temos assistido a uma transformação nas práticas de GRH.
Os modelos mais recentes (...) tentam reunir várias actividades seleccionadas com base na obtenção de resultados e integrá-las num todo orientado de uma forma prospectiva para as necessidades da organização".
Estratégia: a arte de conduzir operações militares, ou seja, fazer escolhas tendo em conta o que pode influenciar a vitória ou a derrota. Numa organização: a estratégia é um "processo de formulação e implementação dos meios adequados para alcançar os objectivos de uma empresa e cumprir a sua missão, num ambiente difícil de prever e altamente competitivo". É a estratégia que dá direcção à organização, assegura a coordenação das actividades e pode permitir eficácia e eficiência. De facto, a gestão estratégica tem quatro fases: diagnóstico, avaliação e formulação da estratégia (objectivos a alcançar), implementação e avaliação.
Táctica: uma componente da estratégia, a arte de travar uma batalha em particular. Ao nível da gestão estratégica de GRH, a gestão estratégica implica ligações estreitas entre as estratégias da empresa e as práticas de GRH. Isto exige que os profissionais de GRH (em particular o chefe de formação) estejam fortemente envolvidos na definição das estratégias da empresa (indicador: Participação da GRH no comité de gestão ou na direcção das questões estratégicas da função, relações entre o CEO e a GRH).

IV.2.3.2. Descentralização e internacionalização

A tendência para encolher o departamento de RH organiza um número reduzido de peritos em torno do núcleo central composto pelo Director de RH. Isto leva a uma concentração no aspecto estratégico da função. Parte da função é descentralizada para os chefes das filiais e para os gestores locais. O papel dos gestores de linha está a desenvolver-se. O que é um executivo? É uma pessoa que supervisiona pelo menos o trabalho de outro. Os gestores de linha têm papéis importantes a desempenhar na GRH, em primeiro lugar porque a qualidade da GRH percebida pelos empregados depende da qualidade das relações com o gestor imediato (o gestor imediatamente em contacto com o empregado). O superior hierárquico deve procurar :

- construir relações eficazes, respeitosas e equitativas;
- supervisionar os empregados, particularmente no caso de PMEs onde a função de RH está frequentemente ausente (executivo responsável pelos resultados da sua equipa, organização do trabalho, selecção de empregados, avaliação, etc. do seu desempenho e determinação do seu aumento salarial).

Espera-se que o papel dos gestores na GRH aumente no futuro, uma vez que os executivos dão mais importância aos recursos humanos e encorajam os gestores a envolverem-se em actividades que tradicionalmente têm sido da responsabilidade dos profissionais de GRH.

A GRH levada ao extremo em grupos de trabalho autónomos ou semi-autónomos onde, por sua vez, os empregados realizam actividades de GRH. A forma mais avançada de descentralização é actualmente a internacionalização. A internacionalização das empresas obriga-as a implementar políticas e práticas consistentes a nível internacional, tais como planos accionistas, empregados globais, uma política harmonizada de remuneração variável, intranets globais...

IV.2.3.3. Informatização

O desenvolvimento das tecnologias de informação alterou as práticas de GRH. Os sistemas de informação (S.I.) permitem o armazenamento de dados sobre o pessoal, facilitando a distribuição de informação às pessoas autorizadas envolvidas em questões de GRH, no momento apropriado (gestores e empregados locais que podem introduzir informação e gerir as suas carreiras). Isto liberta os gestores de RH das actividades administrativas (muitas vezes descentralizadas).

A informatização contribui para :

- Aumentar a produtividade;
- Melhoria do serviço;
- Desenvolver a qualidade das decisões de RH;

- Partilha da função entre o DRH e a hierarquia ;
- Antecipação.

IV.3. Sistema de Informação de Gestão de Recursos Humanos

Um Sistema de Gestão de Recursos Humanos (HRMS) é uma interface entre a gestão de recursos humanos (HRM) e as tecnologias de informação e comunicação (TIC). Combina HRM, e em particular as suas actividades básicas e administrativas (gestão administrativa), com os meios disponibilizados pelas TIC, o que inclui actividades de planeamento e processamento de dados, normalmente integradas num sistema de Planeamento de Recursos Empresariais (ERP). Os sistemas ERP são programas informáticos que integram informação de diferentes fontes numa empresa em módulos que estão integrados numa única aplicação e numa única base de dados. A qualidade da ligação entre os módulos financeiros e de recursos humanos é particularmente importante para as empresas, dado o peso financeiro dos recursos humanos. As TIC também oferecem desenvolvimentos importantes para a Gestão de Recursos Humanos para além da gestão interna e integradas com a gestão financeira de uma empresa, tais como aplicações desenvolvidas em intra ou extranet relativas ao recrutamento e à formação em linha (e-learning em inglês). Permitem também uma externalização simplificada de tarefas que podem ser informatizadas, e relações electrónicas directas com as administrações (E-Government).

IV.3.1. Implementação de Sistemas de Informação de GRH numa organização

Globalmente, a função dos recursos humanos ainda envolve uma quantidade significativa de tarefas administrativas e repetitivas na maioria das organizações. A maioria das organizações tem, em maior ou menor grau, integrado as operações de estabelecimento e pagamento de salários, tempo e presença de empregados, avaliações, recrutamento e desenvolvimento de carreira. A gestão eficaz do "capital humano" tornou-se uma operação necessária e complexa para os profissionais de recursos humanos. A sua função consiste em primeiro lugar na recolha de dados para cada trabalhador, relativos à sua história e características pessoais, às suas aptidões e capacidades, até dados mais acessíveis tais como a sua remuneração e os serviços que presta à empresa. A quantificação destes dados e a sistematização do seu complexo processamento permitiu que fossem tratados por sistemas automatizados à medida que a tecnologia avançava, reduzindo as operações dispendiosas e propensas a erros da sua introdução em múltiplos sistemas, o que levou à implementação de sistemas de informação aplicados à gestão de recursos humanos, e em alguns casos à externalização destas actividades. O controlo destas ferramentas é agora largamente delegado a especialistas em TIC dentro ou fora da organização. Antes do surgimento da arquitectura "cliente-servidor" que se desenvolveu no final dos anos 80, as aplicações informáticas dedicadas aos recursos humanos acederam directamente aos computadores mainframe e beneficiaram da sua capacidade de processamento rápido. Devido ao custo e especialização/personalização destas aplicações, a sua aquisição limitou-se a organizações de uma certa dimensão, capazes de mobilizar recursos informáticos internos ou externos suficientes. Com o advento das aplicações cliente-servidor, os sistemas de informação HRM permitiram aos gestores de RH recuperar o controlo das operações de gestão administrativa pela primeira vez, estando os profissionais de TIC confinados a aspectos puramente técnicos. Estes sistemas de informação HRM sob a arquitectura cliente-servidor são construídos em torno de quatro domínios específicos de RH:

✓ Gestão da folha de pagamento

✓ Gestão dos benefícios do trabalho

✓ Gestão de benefícios sociais

✓ Gestão dos recursos humanos propriamente dita (carreiras, competências, recrutamento...)

O módulo de folha de pagamento automatiza a gestão da folha de pagamento, recolhendo os dados postos à disposição do trabalhador relativos às suas prestações e à sua natureza, aplica as deduções, deduz a contribuição social e gera periodicamente uma conta individual e uma proposta de ordem de pagamento da remuneração. Permite também gerar dados e estatísticas para todo o pessoal relativas a estes dados. Os dados relativos às prestações podem ser gerados automaticamente (relógios de ponto) ou através de codificação. A informação pode também ser enviada para um módulo financeiro. O módulo de gestão do desempenho do trabalho permite a integração das TIC e métodos racionais de gestão do desempenho do trabalho. Os módulos mais avançados integram políticas de flexibilidade para análise de dados, e propostas de análise e planeamento para distribuição do trabalho. Esta parte da aplicação está intimamente relacionada com os elementos de gestão financeira e de produção. O módulo de gestão de benefícios sociais permite aos profissionais de RH gerir melhor os benefícios sociais obrigatórios e não obrigatórios, tais como seguro de saúde, seguro de acidentes de trabalho e seguro de pensão complementar. O módulo de gestão de recursos humanos trata dos outros aspectos de RH, incluindo menos restrições legais mas mais sujeitos a uma política de gestão. A gestão da carreira do empregado, desde o recrutamento até à reforma, é particularmente desenvolvida aqui. Os dados pessoais (idade, morada, família...), competências e diplomas, cursos de formação, níveis e funções salariais, registo de dados de curriculum vitae são aqui geridos. O sistema de informação HRM permite integrar estes quatro segmentos de HRM criando ligações funcionais entre estas actividades dentro do software. A Internet pode ser utilizada como meio de comunicação e envio de ficheiros, e os sistemas de informação HRM podem converter estes dados para uma interface do tipo navegador web utilizado pelo ERP. Este tipo de interface com o sistema permite a portabilidade e o menor custo de acesso aos sistemas de gestão, aumentando assim a eficiência da HRM. Os funcionários ou chefes de departamento podem também ter acesso parcial ao sistema, permitindo-lhes introduzir os seus próprios dados, tais como um pedido de licença. Estas tarefas morosas e dispendiosas, tais como administração de pessoal ou reembolsos de viagens, alteração de dados pessoais, registo para formação ou um plano de pensões, podem agora ser executadas pela pessoa directamente responsável pela acção a ser tomada. Estes sistemas libertam o pessoal de RH de tarefas tediosas e repetitivas, permitindo-lhe concentrar-se em mais decisões, questões estratégicas ou políticas e económicas.

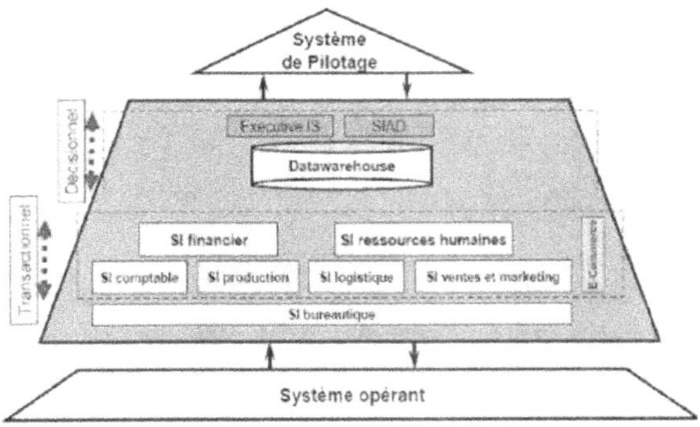

Representação do Sistema de Informação de Gestão de Recursos Humanos

IV.3.2. Jogadores no mercado dos Sistemas de Informação HRM

Muitas empresas oferecem programas para aplicações específicas, tais como gestão de assiduidade de empregados, possivelmente directamente ligados ao sistema de salários. As empresas de consultoria HRIS assistem as empresas nos seus projectos HRIS, incluindo concursos, concepção, auditoria, gestão de projectos e formação empresarial. As empresas de consultoria de RH e integradores de soluções ERP ou SaaS desempenham um papel importante no sucesso da "nova" gestão de Recursos Humanos. Outros actores especializados em subconjuntos HRIS, tais como a gestão de recrutamento. A tendência desde 2003 tem sido a de se concentrar em soluções SaaS (Software as a Service) que são acessíveis online e a pedido. De acordo com um estudo independente, 30% dos decisores de RH inquiridos em 2010 já utilizavam estas soluções para o recrutamento, formação, gestão da mobilidade ou gestão dos salários dos funcionários. Em contraste, um estudo externo realizado por kiwiHR entre 500 empregados franceses em Janeiro de 2020, mostrou que 35% dos empregados ainda estavam a utilizar folhas de tempos em papel para entrar no seu horário de trabalho contra apenas 14% com um software de RH - HRIS.Uma das razões pelas quais cada vez mais empresas estão a recorrer a soluções de software de RHIS baseadas em SaaS é o facto de o software estar disponível em qualquer lugar, a qualquer hora e ser muito fácil de aceder. Numa era cada vez mais digitalizada, o departamento de RH também se está a actualizar. Para além de proporcionar vantagens práticas, o software HRIS reduz as tarefas administrativas. Algumas tarefas tornam-se automáticas (deixar validação, relatórios de tempo de trabalho, cálculo de horas extraordinárias, actualização de dados pessoais...) e assim permitem que o RH se concentre na tomada de decisões e não na acção. Flexível e normalmente vendido como assinatura mensal, o software HRIS permite escolher módulos que vão desde a gestão administrativa (férias e ausências, folha de pagamentos, ficheiros de pessoal, etc.) até à gestão de talentos (recrutamento, integração, etc.). De acordo com Peretti3, os sistemas de informação de recursos humanos (HRIS) são utilizados em :

✓ Gestão da folha de pagamento,

✓ Gestão administrativa do pessoal,

✓ GRH em áreas tais como recrutamento, formação, pagamento de formação, avaliação de formação, remuneração, gestão de carreiras, pessoal e cargos, gestão de assiduidade e absentismo, avaliação social individual, avaliação social de empresas, planeamento de carreiras, etc.

Contribui para a partilha da função, para a personalização e individualização das práticas de GRH. A intranet facilita a comunicação e a transmissão de informação. Como exemplo, podemos mencionar o estado das presenças no trabalho, o absentismo, a gestão das folhas e as sessões de formação... O pacote de software que é um software proactivo que permite registar informações, capturá-las e mobilizá-las de modo a proporcionar um resultado construído em termos de RHM, como a gestão da folha de pagamentos ou do pessoal...

Sistemas de peritos: com base nos dados recolhidos e depois fornecidos a estes programas, o sistema desenvolve respostas através da simulação do raciocínio de um perito.

Em resumo, para uma empresa, há vários elementos a serem tidos em conta para garantir um desenvolvimento eficaz. A GRH ou gestão de recursos humanos é um deles e é sem dúvida um dos mais importantes porque muitas vezes são os diferentes membros, quer sejam simples empregados ou executivos, que definirão a realização de qualquer objectivo. De facto, os empregados de uma empresa são o seu maior activo, uma vez que fazem parte da sua fundação, daí a necessidade de pôr em prática um bom sistema para os priorizar.

No entanto, uma **boa gestão de recursos humanos** implica a elaboração de uma estratégia que toca principalmente a dimensão da gestão da empresa, uma vez que estes dois sectores são inseparáveis em qualquer empresa. Como combinar gestão e gestão de recursos humanos? Uma vez que os objectivos destes dois elementos estão intimamente ligados, ou seja, criar um ambiente de trabalho estimulante e motivador para optimizar os resultados esperados pela empresa, não lhes é impossível interagir. Além disso, uma vez que a gestão de recursos humanos implica a **gestão do factor humano**, que é também uma das tarefas a realizar na gestão, é fácil combiná-los para o bem da empresa, pelo que todos os meios utilizados na gestão podem influenciar grandemente a forma como **os recursos humanos são geridos. Na** maioria das vezes, a responsabilidade por estes dois elementos é atribuída a um único gestor que será capaz de implementar estratégias eficazes de gestão de pessoal para lhes permitir evoluir bem dentro da empresa.

É preciso dizer que o **gestor de RH** de uma empresa é um executivo versátil que toca em tudo o que é vital para a empresa. De facto, mesmo que o seu papel seja definido pela direcção de pessoal, não exclui que ele possa ocupar-se de outras tarefas importantes para o desenvolvimento da empresa.

Entre estes, podemos mencionar aqui a **gestão dos salários de todo o pessoal**, o **recrutamento de novos empregados** ou também a **comunicação interna da empresa.**
Os recursos humanos tocam em vários elementos-chave, tais como finanças, comunicação e, claro, gestão. Portanto, a sua boa gestão permite, entre outras coisas, reforçar tudo o que diz respeito à gestão dos assuntos internos da empresa.

CAPÍTULO V. O LUGAR DOS GESTORES NOS PROCESSOS DE RECURSOS HUMANOS

V.1. Geral

Temos estado habituados a pensar na função dos recursos humanos como uma função partilhada nas empresas. Embora a elaboração da política ou estratégia de recursos humanos não seja da responsabilidade directa de um gestor, a "partilha" da função significa que o gestor tem um papel activo na gestão dos indivíduos da sua equipa e desempenha um papel importante nos processos das actividades de recursos humanos da sua organização de trabalho. Este capítulo visa qualificar melhor a natureza da relação entre os actores da função de recursos humanos e os gestores, e depois posicionar cada actor no seu papel, bem como no seu campo de acção e responsabilidade. Assim, vamos propor neste livro vários critérios decisivos para decidir sobre a linha divisória entre as responsabilidades de cada um e vamos definir as competências dos gestores necessárias nestas situações. O objectivo é oferecer aos intervenientes destes processos as chaves para uma melhor colaboração e eficiência, o que pode promover o desenvolvimento de uma empresa. Para se destacar na sua função e conduzir a sua equipa ao sucesso, deve reunir certas competências-chave. O que são competências de gestão? Por vezes inatas, também podem ser trabalhadas e o gestor pode adquiri-las ao longo do tempo. Tanto as competências técnicas como as de gestão são algumas das competências de que necessita para se tornar um bom gestor.

V.1.1. As competências técnicas de um gestor

As competências técnicas, também conhecidas como know-how, permitem ao gestor alcançar os objectivos estabelecidos pelo seu superior. São também utilizados para gerir uma equipa, porque formam o conjunto de competências que podem ser transmitidas aos membros da equipa. Então, quais são as competências técnicas chave que todo o bom gestor deve possuir?

V.1.1.1. Competências digitais

Embora a cultura de gestão possa ter sido baseada no controlo e na elaboração de relatórios durante algum tempo[4], esperam-se agora outras competências dos gestores, tais como a agilidade[5]. A gestão ágil é a capacidade de recuperar rapidamente para se adaptar a uma nova situação e testar coisas novas (produtos, ideias...).

V.1.1.2. Competências financeiras para uma boa gestão

Um gestor deve ser capaz de transmitir à sua equipa todas as questões financeiras da empresa de uma forma compreensível. Especialmente em tempos de crise, quando a saúde financeira da empresa está sob escrutínio.

.

V.1.1.3. Saber delegar

Ser capaz de delegar é uma das competências técnicas chave que ilustram uma boa gestão. A boa delegação de tarefas secundárias não só liberta o tempo do gestor para se concentrar nas suas tarefas principais, como também é uma marca de confiança na pessoa a quem é atribuído o cargo. A capacidade do gestor para identificar as competências disponíveis na empresa e utilizá-las para permitir que cada pessoa participe em missões que as motivem é uma verdadeira competência chave.

V.1.1.4. Fortaleça a sua comunicação

Em muitas empresas, existe um enorme fosso de comunicação entre o gestor e os outros agentes que supostamente deveriam liderar. Isto leva a um abrandamento do trabalho e a uma crise de confiança entre o gestor e os agentes. Além disso, a comunicação deve estar no centro da gestão a todos os níveis, porque é uma das competências-chave de um bom gestor. A informação deve fluir sem problemas entre os gestores e os membros da equipa e deve ser partilhada por todos. A comunicação eficaz tem muitas virtudes: "transmissão rápida de informação, melhor produtividade, melhor empenho da equipa, desanuviamento de possíveis conflitos". Pode ser praticada através de diferentes canais: falar em público, cara a cara, por correio electrónico...

V.1.1.5. Aptidões comportamentais de um bom gestor

Num clima social e económico tenso, os gestores devem, mais do que nunca, ter em conta o factor humano nas suas equipas. Os softskills6 são as competências que têm em conta os factores relacionais e emocionais. Elas permitem uma boa integração na empresa e a evolução dos empregados.

V.1.1.6. Inteligência emocional ou tendo em conta as emoções do gestor

A epidemia de Coronavírus e a crise económica que se seguiu fazem os executivos viver hoje em dia na incerteza profissional. Os agentes dentro de uma empresa precisam de uma gestão mais humana que não negue o emocional. Face a um número crescente de reorganizações, precisam de ser tranquilizados. É importante que o seu gestor tenha em conta as suas emoções para poder fazer o seu trabalho correctamente e para ter em conta os sentimentos de cada membro da equipa. O bom gestor deve exercer esta habilidade de decifrar e compreender a situação, a fim de agir em conformidade para com o seu colaborador. A escuta activa é uma habilidade essencial a ter para se tornar um bom gestor.

V.1.1.7. Voltando à cooperação para uma boa gestão

O padrão tradicional do gestor que impõe um plano de acção à sua equipa é agora substituído por um plano cooperativo. O espírito de equipa é verdadeiramente uma habilidade chave. O gestor mobilizará toda a equipa para que encontrem soluções em conjunto e vão mais longe: tomar decisões, liderar reuniões, construir um projecto... O bom gestor implementa um estilo de gestão que já não é hierárquico e se torna um mobilizador de energia. A relação entre gestores e funcionários é transversalizada. Uma das marcas de um bom gestor é a capacidade de tomar decisões em todas as situações (diariamente ou numa emergência). Quer seja uma escolha colectiva ou arbitrária, tomar uma decisão permite avançar. Essencial num ambiente de trabalho complexo e em mudança, a capacidade de julgar e tomar decisões exige pensamento crítico, capacidade de análise e capacidade de arbitrar entre várias opções.

V.1.1.8. A liderança é uma habilidade chave de um bom gestor

Se o líder é geralmente um bom gestor, o oposto nem sempre é verdade. A liderança é uma forma de autoridade natural exercida pelo líder. Chama-se carisma. Longe de impor as suas ideias, o líder gestor é capaz de convencer e conquistar a sua equipa. Confrontado com um gestor com um elevado nível de capacidade de liderança, as equipas sentem-se envolvidas, motivadas, apoiadas e protegidas.

V.2. Gestor, uma função em constante evolução

A fim de abordar a questão do gestor nos processos de recursos humanos, procurámos primeiro compreender o que é hoje a gestão nas nossas organizações de trabalho e identificar os processos de actividade que são relevantes para os recursos humanos. Este estudo preliminar permitir-nos-á confirmar o lugar de cada um, gestor e função dos recursos humanos, na cadeia de actividades estabelecida de forma prescritiva e depois pelo seu confronto com o campo.

V.2.1. O que é um gestor?

O princípio da gestão dos indivíduos nasceu provavelmente do facto de que

o aumento da dimensão firme (Misplelblombeyer, 2006) ao longo do tempo.século XIX. Naquela época, parecia necessário que os gestores delegassem o seu poder de gerir os empregados simplesmente devido ao seu número. Na ideologia marxista, esta supervisão assumiu um carácter essencialmente disciplinar, mas a literatura clássica mostra que a relação entre dirigentes e gestores, embora procurando a máxima eficiência e evitando desperdícios, tornou-se ao longo do tempo uma transmissão mecânica de instruções vindas de cima, descendo gradualmente para baixo. A escola das relações humanas nos anos 60 deu um lugar ligeiramente diferente ao gestor, que se tornou um homem de escuta, orientação e aconselhamento, a fim de motivar constantemente os funcionários com o objectivo de um desempenho contínuo. Se hoje se fala de uma crise de racionalidade nas empresas (De Coninch, 2005), é provavelmente devido à acentuação das lutas pelo poder e das múltiplas fontes de prescrição nas empresas; o papel de transmitir instruções e motivação só se tornou mais difícil.Esta evolução histórica do papel dos gestores leva-nos a definir com maior precisão o que é hoje ser um gestor. Thiethard's Que Sais-je? (1998) diz-nos que a gestão é a acção, a arte ou a forma de liderar uma organização, de a dirigir, de planear o seu desenvolvimento, de a controlar e isto, em todos os campos de actividade da empresa. Em termos mais gerais, a gestão é a arte de tomar os recursos e utilizá-los de tal forma que o produto produzido é de maior valor do que era no início (Smith, 2006). Esta definição dá-nos duas características principais da gestão. Em primeiro lugar, é um trabalho de transformação; este processo traz numa segunda vez uma melhoria (expressa em valor financeiro ou não de acordo com o sector de actividades). O que distingue a gestão em geral da gestão de indivíduos, que nos interessa particularmente neste livro, é o facto de termos de gerir este trabalho de transformação através da acção de indivíduos que constituem uma equipa de trabalho e de sermos responsáveis pela realização final do colectivo em questão. O objectivo da gestão de pessoas é, portanto, fazer com que as pessoas trabalhem melhor, mais depressa e durante mais tempo, integrando estratégias de gestão e sem muito descontentamento; deste ponto de vista, trata-se de ultrapassar as resistências e de se tornar o garante da disciplina; para conseguir a produção de valor acrescentado por um grupo de trabalho e por cada indivíduo que o compõe, o gestor adoptaria vários papéis que Mintzberg (2004, 2006) combina nos pontos seguintes:

1. Um representante da sua equipa, ou seja, um delegado da palavra desta equipa e um "porta-voz legítimo" no sentido de que Bourdieu a entende;
2. Um fabricante de significado porque intervém sobre o significado a dar às dimensões humana, financeira e técnica e esta intervenção resulta no final na modificação de algo real;
3. Um enquadramento que define o enquadramento para a acção operacional e dá os caminhos sinalizados para a acção; é por isso que se fala normalmente de um enquadramento ou supervisor;
4. Um guia para as acções, tentando unificar as orientações de trabalho, dar um ditado para representar um feito e dar conta das práticas reais;

5. Um designer de compromissos entre uma direcção e uma equipa, entre cada membros da equipa entre si também.

V.2.2. Actividades de gestão do dia-a-dia

Uma revisão da literatura da teoria da organização destaca, como variação destes papéis, as actividades de gestão quotidianas (Kennedy, 2003; Plane, 2003). Se Fayol via a gestão como uma função administrativa, Mayo, por seu lado, deu um lugar maior ao aspecto humano da gestão.Mintzberg e Drucker foram ricos em complementos propondo actividades em torno da formação dos funcionários e da sua motivação envolvendo de facto o gestor nos processos relacionados com os recursos humanos.Se tentarmos reunir estas diferentes visões das actividades do gestor, apesar das impregnações de tempo de cada autor, teríamos uma lista de 16 actividades:

Quadro de actividades de gestão

Activités présentes chez...				Activités
Fayol	Mayo	Mintzberg	Drucker	
		X		Représenter l'entreprise
		X	X	Former, créer des opportunités d'apprendre
		X	X	Motiver, team bulding
		X		Se créer du réseau
		X		Rechercher de l'information
X		X		Reporter
		X	X	Communiquer aux équipes
		X		Communiquer en public
X		X		Entreprendre, planifier, prévoir le travail et le changement
	X	X		Gérer les troubles, les conflits
	X			Ecouter
X		X	X	Répartir les ressources, commander, décider, coordonner
		X		Fixer des objectifs
		X		Etablir des normes de performance
X				Contrôler
X				Budgéter

A abordagem anglo-saxónica do Management Standards Centre (MSC) partilha a grande maioria destas normas e acrescenta actividades que são indicativas da nossa época, tais como incentivar a inovação da equipa, garantir a segurança e a (boa) saúde dos seus empregados, gerir o impacto ambiental do seu trabalho ou desenvolver uma equipa centrada nas relações com os clientes. Estas "novas" actividades são indicativas de uma era marcada pela responsabilidade social individual e colectiva das organizações de trabalho; são susceptíveis de desempenhar um papel cada vez mais importante na gestão de pessoas nos próximos anos e devem, portanto, ser tidas em conta num amplo quadro de referência de competências de gestão que vai para além dos processos dos recursos humanos.

V.2.3. As dificuldades e constrangimentos da função de gestão

Para além dos problemas clássicos que conhecemos, em particular a dificuldade de envolver as pessoas numa era de mudança perpétua, o gestor de hoje depara com novas dificuldades:Ao nível da sua estrutura de trabalho, a verdadeira autonomia de que goza o gestor reside sobretudo na organização do seu trabalho pessoal e da sua equipa e não em decidir sobre objectivos ou meios (Primo, 2004). Esta questão de autonomia é portanto acompanhada pela questão do território (ou seja, o campo de acção e autoridade confiada ao gestor) e dos seus meios de acção (poder financeiro, institucional, organizacional e sancionatório). As nossas organizações de trabalho actuais parecem não fornecer toda a clareza que tais questões exigem. Mesmo que a autonomia seja real, parece no entanto ser um jogo a ser redefinido em cada curva entre o gestor e a sua organização de trabalho, entre a sua liberdade de mobilizar as suas competências e energia, por um lado, e o seu dever de prestar contas para não se aproximar da independência, por outro (Bellier & Laroche, 2005).Ao nível do seu trabalho, a definição de gestão, tal como a discutimos, realça a polactividade da função. Esta característica da gestão deve-se provavelmente à variedade de problemas de poder e autoridade comummente encontrados nas nossas organizações de trabalho e continua a ser um desafio diário.Em termos de gestão de equipas, o gestor tem de gerir cada vez mais equipas fragmentadas (porque estão fisicamente à distância) devido à própria estrutura das nossas empresas e de gerir funcionários que são cada vez mais peritos nas suas áreas (Thévenet &al, 2007), tornando a missão do gestor mais complexa do que há alguns anos atrás. É evidente que o gestor na sua organização de trabalho sofre frequentemente da falta de apreciação da sua função e da solidão nas suas escolhas ou na sua assunção de responsabilidades.

V.2.4. Processos gerenciais comparados com os processos de recursos humanos

Procurar compreender o papel do gestor nos processos de recursos humanos implica comparar as actividades de cada actor, concentrando-se em parte do trabalho de um gestor numa empresa e, em última análise, "alinhar as acções de gestão" com a gestão de pessoas e competências, para usar as palavras de Meignant (2000, p. 195). A consequência desta escolha é que este artigo não trata directamente de actividades relacionadas com o comando, a organização diária ou a motivação, ainda que existam ligações reais entre a motivação e os processos de recursos humanos. Além disso, a organização do trabalho, a esfera de decisão, o planeamento, etc., ainda que façam parte da actividade principal do gestor, não serão tratadas no resto do nosso trabalho. Para atingir os seus objectivos de produção, podemos considerar que "meios" estão à disposição do gestor, tais como recrutamento, formação, avaliação individual ou mesmo gestão da carreira, que permitem ao gestor ter os recursos adaptados às suas necessidades, e é nisto que nos vamos agora concentrar. A nossa abordagem do processo de actividade também nos permite listar todas as acções a realizar e identificar quem faz o quê ou quem participa. Esta abordagem tem a vantagem de destacar as ligações necessárias entre os actores, como uma organização sistémica. Através de um estudo da literatura (Zarifian's work presented to the CNPF, 1998; Barraud al., 2000; Peretti, 2002; Vern, 2002; Weightman, 2004; Cadin &al., 2007; Thévenet &al., 2007), identificamos oito processos principais para a gestão de recursos humanos:

Quadro 2. Lista de processos de recursos humanos

Domaine	Processus
Domaine de l'emploi	Processus recrutement
	Processus formation
	Processus gestion des carrières
	Processus d'évaluation
Domaine de la rémunération	Processus de gestion des salaires
	Processus rétribution
Domaine de la relation de travail	Processus relation de travail individuelle
	Processus relation collective de travail

Embora isto precise de ser confirmado no terreno, compreendemos que a quota-parte de actividades do gestor em cada um destes processos de recursos humanos (à luz das propostas feitas pelos vários autores, pode ser resumida como se segue:

Quadro 3. O papel do gestor no processo de recursos humanos

Processus	Rôle du manager
Processus recrutement	- Analyser le besoin - Définir le périmètre du poste (job design) - Définir le profil du candidat Puis, selon les organisations de travail : - Exprimer le besoin - Participer à plusieurs étapes du recrutement - Mener seul le recrutement (gérer les candidatures, mener des entretiens de recrutement, choisir, répondre au candidat)
Processus formation	- Informer et expliquer les principaux axes du plan de formation, du DIF, etc. - Faire coïncider les attentes individuelles de formation avec les axes retenus par l'entreprise - Faire remonter à la RH les demandes de formation - Mettre en place un stage interne à l'équipe *- Former en temps réel / transmettre ses compétences (dès qu'une incompétence est constatée et sans mettre en place une formation institutionnelle)*
Processus gestion des carrières	*- Harmoniser la gestion des carrières soit donner un avis lors de comités de carrière (people review)* - Conseiller sur un bilan de compétences - Accompagner le collaborateur dans la réalisation de son passeport formation ou passeport compétences
Processus d'évaluation	- Fixer des objectifs RH liés au business de l'organisation *- Utiliser les référentiels de compétences dans le cadre de l'évaluation annuelle* *- Prendre part à l'élaboration de ces référentiels* *- Mener un entretien professionnel qui vise à évaluer les performances, les compétences et recadrer*
Processus de gestion des salaires	- Relever et/ou enregistrer les éléments variables de paie par exemple comme les congés
Processus rétribution	- Effectuer le choix d'octroi de primes, de promotions, etc.
Processus relation de travail individuelle	- Etablir le contrat de travail selon les organisations de travail en place - Procéder aux sanctions disciplines selon les cas et selon les organisations de travail
Processus relation collective de travail	Pas d'éléments relevés

En italique : les activités qualifiées de nouvelles par les auteurs

A função dos recursos humanos, por seu lado, gere a estratégia, os métodos e ferramentas para a sua implementação e os aspectos operacionais das actividades actuais; torna-se uma espécie de arquitecto social, inventor de significado e garante de um mínimo de processos comuns (Evans & al., 2002). Ao mesmo tempo que se preocupa na sua prática diária em deixar aos seus colaboradores uma margem suficiente de autonomia e flexibilidade (Meyer & Ashleigh, 2007), compreendemos finalmente que o director de supervisão participa pela sua parte na gestão individual dos recursos humanos da sua empresa, de acordo com cinco níveis possíveis:

- Contribuir para o recrutamento e desenvolvimento de novas competências (recrutamento, formação),
- Participar no desenvolvimento de projectos individuais para membros de equipas (gestão de carreiras),

•Transmitir conhecimentos; formalizar e disseminar novos conhecimentos (formação),

•Participar no processo de reconhecimento e motivação (remuneração),

• Participar na gestão administrativa dos empregados (salários, relações individuais e colectivas).

• O envolvimento do gestor em questões de avaliação parece ser central e transversal, uma vez que a avaliação é o ponto de partida para outros processos (formação, mobilidade, remuneração, etc.) dos empregados já no posto. A análise precisa das actividades levadas a cabo pelo gestor a este respeito merece, portanto, ser estudada e o trabalho de Marback (1999), Zarifian (2001), Flück (2001) e Vern (2002) destaca um conjunto de competências que o quadro seguinte reúne:

Quadro 4. Detalhes das actividades do gestor no processo de avaliação individual

En amont pour instaurer une culture de l'évaluation et préparer l'évaluation collective et individuelle	- Conduire des réunions de résolution de problèmes, - Pratiquer le retour d'expérience pour développer les compétences, - Formaliser les résultats et les diffuser, - Organiser le travail, - Recueillir et consigner toutes les informations sur les évènements influençant l'allocation des ressources, - Observer les activités des collaborateurs : leur réalisation ou non, comment elles sont réalisées,
Conduite de l'évaluation	·Rappeler les niveaux de performance attendus et l'informer des réajustements opérés et des motifs des réajustements s'il y a lieu, - Ecouter et analyser le feed-back fait par son collaborateur, - Explorer les différentes causes possibles de non-atteinte de la performance pour valider son diagnostic, - Faire expliciter les activités et affiner les hypothèses de déficit de compétences, - Attribuer des objectifs pour la période à venir, - Repérer les comportements évoquant une baisse de motivation et leur influence sur la réalisation des activités, - Définir l'influence des éventuels défauts d'allocation de ressources sur l'atteinte de la performance, - Analyser sa propre activité concernant le maintien de la motivation des collaborateurs et déterminer les points critiques - éventuellement, se référer à l'évaluation réalisée avec son manager, - Comparer les niveaux de performance réajustés et atteints, et identifier un déficit de compétences, - Récapituler les éléments à disposition sur les activités du collaborateur, issus de l'observation, - Poser un diagnostic sur les activités défectueuses en se basant sur les référentiels d'activités, - Emettre des hypothèses sur les déficits de compétences en se basant sur les référentiels.
En aval	- Réaliser les activités concourant au maintien de la motivation des collaborateurs : information et communication, transmission de connaissances, résolution de problèmes, régulation de conflits... - Réajuster les niveaux de performance attendus en fonction des éléments recueillis et leur influence, - Proposer, négocier et formaliser un plan de progrès.

Neste conjunto de actividades de recursos humanos, a que chamaremos o processo global de "pessoal" (avaliação, formação, recrutamento, remuneração, etc.), por oposição às outras actividades de gestão de organização ou comando, tem sido observada ao longo do tempo uma maior colaboração com os departamentos de recursos humanos, sugerindo que todos os gestores se estão a tornar, na medida do possível, directores de recursos humanos para as suas equipas, em referência ao trabalho da Peretti.A questão da delimitação do âmbito das responsabilidades de cada pessoa deve, portanto, ser levantada, e os critérios de partilha de tarefas devem ser questionados. Compreendemos que o papel do gestor nestes processos de recursos humanos pode variar (Réale & Dufour, 2006; Thévenet & al., 2007).

Por exemplo, dependendo do grau de envolvimento do gestor na utilização de ferramentas de recursos humanos (maior ou menor descentralização das ferramentas) e dependendo dos métodos operacionais que regem a utilização destas ferramentas (aplicação de procedimentos ou adaptação local), o papel do gestor será mais ou menos predominante. Se os processos forem realmente rígidos, o gestor não poderá fazer propostas, mas será apenas um factor de ajustamento. Com a descentralização crescente das funções operacionais de recursos humanos para os gestores e a implementação cada vez mais comum de centros de recursos humanos para a implementação de políticas (mais recursos humanos operacionais do que funcionais, que tendem a diminuir), o gestor acaba por se tornar "o elo forte na implementação da política de RH". Eles são os "ourives" da implementação de ferramentas de RH que permitem a realização dos processos de RH" (Thévenet &al., 2007, p379). A questão da partilha de papéis no processo de recursos humanos entre o gestor e os actores dos recursos humanos motivou um estudo de campo qualitativo, do qual surgiram, de facto, três questões:

✓ Quais são as actividades precisas exigidas por um departamento de recursos humanos de um gestor no contexto da partilha da função de RH, para além desta primeira lista?

✓ Como se traduz o desempenho destas actividades em competências?

✓ Em que critérios é decidida (ou experiente) a divisão das actividades numa organização de trabalho?

V.3. Gestores: o novo pessoal operacional de recursos humanos

As entrevistas conduzidas no terreno confirmam o processo de recrutamento de pessoal. Apenas a área da relação de trabalho (individual e colectiva) parece ser mais prevalecente no terreno do que a literatura sugere. Embora o papel activo do gestor nestes processos varie de acordo com a situação, podemos no entanto identificar critérios para a partilha de actividades.

V.3.1. Delimitação de áreas de responsabilidade

Em primeiro lugar, a partilha de actividades em processos de recursos humanos, confirmando vários pontos levantados por Thévenet &al. (2007) e Réale & Dufour (2006), parece ter lugar:A um nível macroscópico, de acordo com um critério organizacional, dependendo se estamos a lidar com uma organização de trabalho mutlisite ou não mutlisite; quanto mais estamos a lidar com empresas mutlisite (como no sector bancário, por exemplo), mais pequena parece ser a dimensão da equipa a gerir, mais o grau de autonomia do gestor parece ser adquirido, mas mais a sua solidão parece ser real,A um nível mesoscópico, dois critérios são importantes: por um lado, a prática diária de delegação pelo departamento de recursos humanos e, por outro, a existência ou não de uma entidade central pesada para a gestão administrativa dos empregados,finalmente, a nível microscópico, dois critérios definem a partilha de actividades ou permitem reajustar as mesmas numa dada situação: a rapidez da necessidade de ser gerida ou o risco incorrido (criminal ou financeiro) para o gestor mas também, de forma mais ampla, para a empresa, e a necessidade ou não de um perito para tomar uma decisão.Dois fenómenos na partilha de processos também foram observados durante as nossas entrevistas com gestores para contrariar a solidão expressa pelos actores: que a tomada de decisão sobre um caso é comum (conhecida e aceite tanto pelos gestores como pelos profissionais de RH),que o gestor está seguro na sua tomada de decisão, que sente

apoiado por funções locais ou centrais de recursos humanos.

V.3.3. As actividades e competências do gestor

A grande maioria das actividades mencionadas no Quadro 3 foram confirmadas pelos nossos entrevistados. Observamos, contudo, que a dimensão das relações colectivas de trabalho é uma realidade diária que todos os gestores entrevistados mencionaram, excedendo o que a literatura sugere.

Esta dimensão está dividida em quatro actividades principais:

✓ Gerir as relações quotidianas com os representantes dos empregados,

✓ Negociar localmente com representantes dos empregados,

✓ Assegurar o cumprimento das normas de segurança e higiene no trabalho no local de trabalho,

✓ Representar o empregador nos Prud'hommes.

Outra nova actividade foi identificada e diz respeito à prática de feedback (colectivo ou individual). O objectivo aqui é participar no desenvolvimento de competências a um custo mais baixo devido à diminuição dos orçamentos de formação contínua e utilizar métodos de aprendizagem diferentes dos que costumávamos praticar até agora. Por outro lado, trabalhar com a função de recursos humanos no desenvolvimento de quadros de competências ou apoiar os trabalhadores na sua gestão de carreiras individuais (aconselhamento sobre uma avaliação de competências, apoio no desenvolvimento de um passaporte de competências, etc.), mesmo que este seja um ideal desejável descrito como tal na literatura, continuam a ser actividades não partilhadas ou não realizadas por qualquer gestor no terreno. Finalmente, o domínio da relação contratual individual (elaboração de contratos de trabalho, execução de sanções disciplinares) continua muito dependente das organizações empresariais, como a literatura já declarou.Além disso, neste trabalho, identificamos um repositório tripartido de competências que inclui as competências técnicas (recursos humanos), transversais e sociais/relacionais dos gestores. Fazemos a distinção entre o que está sob o título de know-how em primeira instância e o conhecimento em segunda instância:

Quadro 5. Referências de competências de gestão em processos de recursos humanos

	Savoir-faire	Techn	Transv	Rel
Processus recrutement	Lire un CV	x		
	Accueillir le candidat			x
	Etablir un bon climat propice à l'échange et à l'expression du collaborateur			x
	Introduire un entretien		x	
	Poser des questions			x
	Recouper des faits, des propos et les éléments du CV	x		
	Ecouter			x
	Conclure l'entretien		x	
	Compléter correctement le support d'évaluation	x		
	Répondre au candidat			x
Processus formation	Définir des objectifs de formation	x		
	Construire un guide d'animation	x		
	Négocier			x
	Observer		x	
	Expliquer			x
	Utiliser les outils d'information interne / externe		x	
Processus gestion des carriéres	Donner un avis argumenté		x	
Processus d'évaluation	Mener un entretien		x	
	Accueillir le collaborateur			x
	Etablir un bon climat propice à l'échange et à l'expression du collaborateur			x
	Introduire un entretien		x	
	Faire des compliments justifiés		x	
	Ne pas blâmer le collaborateur de façon inconditionnelle		x	
	Poser des questions			x
	Ecouter			x
	Compléter correctement le support d'évaluation	x		
	Conclure l'entretien		x	
	Garder à l'esprit que le collaborateur cherche à travailler de façon performance et dans les meilleures conditions possibles			x
	Accepter la critique		x	
	S'exprimer clairement			x
	Synthétiser régulièrement les propos		x	
	Consacrer le temps nécessaire à l'échange			x
	Rester calme			x
Processus de gestion des salaires	Utiliser les logiciels de paie	x		
Processus rétribution	Dire non à une demande injustifiée			x
Processus relation de travail individuelle et collective	Monter un dossier prudhommal	x		
	Collaborer avec un avocat	x		
	Négocier		x	

Quadro 6. Repositórios de conhecimentos do gestor em processos de recursos humanos

	Connaissance	Techn	Transv	Rel
Processus formation	Les axes du plan de formation de l'entreprise	x		
	Les nouvelles mesures en matière de formation (DIF notamment)	x		
	Pédagogie de l'adulte	x		
Processus d'évaluation	Les référentiels internes	x		
	Les outils internes d'évaluation	x		
Processus de gestion des salaires	Les procédures pour enregistrer les évènements variables (congés, etc.)	x		
Processus rétribution	Les procédures et critères pour l'octroi de rétribution individuelle	x		
Processus relation de travail individuelle et collective	Le droit du travail	x		
	Normes d'hygiène et de sécurité	x		

Podemos ver por estas duas tabelas que a actividade real, e cada vez mais crescente, do gestor nos processos operacionais de recursos humanos requer conhecimentos e competências técnicas muito mais do que know-how específico. Este resultado dá-nos uma chave para melhor apoiar os gestores no seu papel. Para além destas competências relacionadas com os processos de recursos humanos enquanto tal, foram mencionadas quatro competências transversais adicionais. Estas parecem ser fundamentais para o sucesso da colaboração de um gestor com a função de recursos humanos.
A questão é:

✓ Apresentação de relatórios (colaborar),

✓ Ser informado (por ser proactivo),

✓ Esteja alerta para uma situação ou um facto (ponha os seus sentidos em alerta),

✓ Transmitir o bastão quando necessário, particularmente devido à perícia necessária ou ao risco envolvido (reconhecer a própria área de não-competência).

✓ Tendo isto em conta e a fim de compreender os pontos de articulação entre a função e a gestão dos recursos humanos, os actores dos recursos humanos têm de :

✓ Ouçam o campo;

✓ Orientação / Aconselhamento;

✓ Ter um procedimento de trabalho adoptado previamente que tenha sido "traduzido" em termos que possam ser (re)compreendidos pelo gestor; isto pode ser visto em todos os processos, quer estejam relacionados com recrutamento, formação, avaliação, etc.

V.4. Avançar rapidamente e gerir a emergência

A função dos recursos humanos nas empresas está, portanto, a tornar-se cada vez mais estratégica e funcional, a fim de satisfazer as necessidades dos gestores, como Thévenet & al (2007) salienta. Em suma, está a tornar-se um engenheiro, um facilitador e um líder de processos de recursos humanos, por vezes colaborando em actividades muito operacionais, dependendo das necessidades da situação encontrada. Assistimos a uma mudança nas actividades operacionais, um fenómeno que alguns autores descrevem como diluição (Cadin & al., 2007), indo além da única vontade dos actores dos recursos humanos há alguns anos atrás. Este é o caso do envolvimento do gestor numa descrição de funções, por exemplo, ou, mais recentemente, de delegação (introdução de elementos salariais variáveis na fonte, por exemplo). Isto significa que a função dos recursos humanos está a desintegrar-se? A manutenção das funções de engenheiro, facilitador e animador dá-nos esperança de uma outra forma de avançar.

V.4.1. As formas de desenvolvimento de competências e os meios a serem organizados

Dependendo dos processos e assuntos abordados, consoante se trate de conhecimentos ou know-how, consoante se trate de competências interfuncionais ou específicas, etc., os meios oferecidos para desenvolver as competências dos gestores são variáveis. A formação pode parecer um bom meio, mas outros meios são possíveis, dependendo se o conhecimento a aprender é mais ou menos constituído e do grau desejado de participação activa dos gestores. Uma vez que o quadro de actividades evidencia necessidades principalmente em termos de conhecimento técnico de recursos humanos, preferimos, como foi mencionado nas nossas entrevistas, dias de informação, auto-formação (informação na Intranet, centro de recursos, etc.), leitura, formalização de processos, troca de experiências, gestão de projectos ou grupos de progresso. Isto pressupõe que o Departamento de Recursos Humanos da empresa pode :

- Ir para o campo para informar e explicar aos gestores os pontos-chave para (por exemplo, dia de informação),
- Manter uma intranet de recursos humanos, actualizando-a muito regularmente; a questão da informação jurídica na intranet foi um ponto amplamente discutido com os entrevistados. Parece que a
A rápida alteração da legislação impede que as regras sejam colocadas na Intranet; o risco seria permitir que as decisões fossem tomadas com base em informações erradas. A utilização sistemática de peritos internos ou externos parece ser preferível neste ponto,
- Fornecer uma linha directa contínua, especialmente sobre questões legais,

• Organizar perguntas frequentes (FAQ) mas sobre tópicos não jurídicos para encorajar a partilha de experiências,

• Ligar os gestores operacionais a fontes de informação fiáveis (peritos, por exemplo, confirmando o envolvimento de actores externos, como a Cadin & al. (2007) salientou) e oferecer-lhes grupos de partilha de experiências,

• Realizar inquéritos regulares sobre a qualidade do serviço prestado e fornecer indicadores aos gestores operacionais sobre o "estatuto de RH" das suas equipas (satisfação, absentismo, compensação, etc.)

Todos estes meios são úteis para fornecer uma base de conhecimentos suficiente para compreender as questões de recursos humanos, para ser compreendido pelos especialistas nas palavras certas, mas sobretudo para julgar o momento certo de entregar. Este último elemento parece ser a chave central para a partilha de actividades nos processos de recursos humanos.

Em conclusão, neste capítulo procurámos qualificar melhor a natureza da relação entre os actores da função de recursos humanos e os gestores, e depois posicionar cada actor no seu papel, bem como no seu campo de acção e responsabilidade. Assim, propusemos vários critérios decisivos para decidir sobre a linha divisória entre as responsabilidades de cada pessoa, não identificando de forma definitiva as actividades que são totalmente dedicadas a uma ou a outra. A organização multi-site muda inicialmente a partilha de papéis entre os actores; a dimensão das equipas a gerir e a autonomia dada ao gestor em resultado deste tipo de organização fazem do gestor o principal actor operacional dos recursos humanos nos vários processos descritos. A cultura de delegação e a ausência de uma grande entidade central de recursos humanos reforça a autonomia dos gestores na gestão das suas equipas. Finalmente, a latitude de acção do gestor na gestão dos recursos humanos depende da urgência com que uma situação precisa de ser resolvida, particularmente em termos de legislação laboral, e da perícia necessária para dar uma resposta relevante que não envolva a responsabilidade nem da organização do trabalho em geral nem do gestor em particular.A comparação entre um quadro de referência de competências dos gestores em processos de recursos humanos estabelecido a partir da literatura e a experiência das pessoas entrevistadas destacou três pontos principais. O gestor está mais envolvido na relação contratual individual (contrato de trabalho) e colectiva (relações sociais) do que a literatura sugere. Por outro lado, os gestores não estão muito envolvidos na gestão individual das carreiras dos seus empregados, particularmente na orientação da sua empregabilidade e percursos profissionais. A construção de carteiras de competências ou o aconselhamento sobre avaliação de competências não se enquadram, nas situações encontradas, no seu campo de acção.Finalmente, de acordo com as novas formas de fazer as coisas em termos de desenvolvimento e transmissão de competências, o feedback parece ser uma prática crescente nas empresas. Ao decrescer as actividades identificadas, as competências são essenciais. Para além do know-how e dos conhecimentos identificados neste artigo, estão a surgir competências "colaborativas" para uma boa articulação entre os actores. Obter informação, relatar, estar alerta para uma situação ou passar a batuta quando parece necessário são agora exigidos aos gestores e exigem que os actores dos recursos humanos saibam ouvir, orientar e aconselhar. Estes últimos tornam-se designers de processos de recursos humanos concebendo e traduzindo as actividades a realizar e as ferramentas a utilizar em termos reconhecíveis pelo gestor. Estes tornam-se engenheiros de recursos humanos e facilitadores dos processos em curso. A sua disponibilidade e conhecimentos especializados tornam-se essenciais na sua colaboração diária com os gestores. A função dos recursos humanos torna-se mais funcional e estratégica do que operacional, com os gestores a tornarem-se a parte operacional da função dos recursos humanos.

CAPÍTULO VI. UM MÉTODO PARA A FORMULAÇÃO DE PROBLEMAS ORGANIZACIONAIS COMPLEXOS

Infelizmente, ainda hoje, a tomada de decisões para resolver problemas organizacionais complexos favorece a acção em detrimento da compreensão. Os elementos de informação são assim constantemente transformados numa tentativa de lhes atribuir valores objectivos. Para o crédito dos decisores, este é um processo prodigiosamente difícil e delicado, especialmente num mundo organizacional onde um grande número de intervenientes com valores muito diferentes, muitas vezes até opostos, tomam parte em qualquer acção. Não é, pois, surpreendente que práticas que evitam questionar estes valores sejam favorecidas em detrimento da muito mais complexa procura de acordo sobre os fins a prosseguir na acção (Crozier e Friedberg, 1992).A formulação de problemas requer uma mudança total de paradigma da racionalidade da organização para a do actor estratégico. Além disso, apesar de muitos esforços para tornar este processo mais científico, ele permanece fundamentalmente uma arte (Volkema, 1997). Neste sentido, este capítulo só pode ir ao ponto de oferecer um guia de acompanhamento como método para a formulação de problemas organizacionais complexos. Mas primeiro, tentemos uma definição de formulação de problemas:Formular um problema significa fazer um balanço da situação problemática tal como ela é vivida e percebida no terreno, a fim de ajudar todos os interessados a encontrar uma representação aceitável da mesma e, assim, mobilizá-los para a sua resolução.Esta definição exclui, à partida, os preconceitos que são contraproducentes na tomada de decisões sobre problemas organizacionais complexos (Basadur et al., 1994). Estes incluem o seguinte:

1. Avaliar antes de examinar a natureza e a representação do problema.
2. Comparar com outras experiências, procurando semelhanças em detrimento dos aspectos únicos e específicos do problema.
3. Abordar o problema a partir do óbvio e não de uma perspectiva de rastreio o que lhe está subjacente.
4. Direccionar a decisão para um único objectivo, ignorando o facto de que a resolução de qualquer problema organizacional complexo envolve vários.
5. Tentar simplificar o problema para o tornar mais fácil de resolver.
6. Enfatizar a sua solução em vez da sua formulação, sob o pretexto de que já sabemos qual é o problema.

Isto significa que qualquer gestor que subscreva uma ou todas estas suposições a priori obteria poucos ou nenhuns resultados com a abordagem de formulação do problema apresentada abaixo. Para beneficiar, é essencial rejeitar todos os raciocínios e soluções a priori. Deve ser dada primazia ao conhecimento do problema tal como é percebido e experimentado pelos interessados, evitando todos os pensamentos e análises em termos de bom e mau (Friedberg, 1994).

A definição também indica que formular um problema e encontrar uma solução fazem parte do mesmo processo, uma vez que cada representação de um problema deve conter uma direcção para a sua resolução (Landry e Banville, 2002; Rittel e Webber, 1973). O critério de aceitabilidade é igualmente mencionado, uma vez que a relevância do processo de formulação depende do grau de coesão que gera. Nenhuma formulação é sempre evidente; é sempre o produto de um trabalho meticuloso e sustentado com as partes interessadas para conhecer e compreender as características específicas do campo de acção. do projecto (Amblard et al., 2005; Gaulejac, 1988; Friedberg, 1994). É por isso que, como acima referido, este processo se baseia mais na arte do que na ciência, mas quem está melhor colocado para se encarregar deste delicado processo? Pode ser um dos interessados que tenha a autoridade necessária ou um consultor mandatado por eles. Qualquer uma destas pessoas deve ter a **legitimidade necessária3** ou, pelo menos, não estar numa posição ilegítima. Além disso, deve ser credível, não julgador e, sobretudo, praticar uma escuta activa nas suas interacções com as partes interessadas (Amblard et al., 2005).A Figura 5 ilustra os principais passos sugeridos no processo de formulação de problemas organizacionais complexos. Não foi por acaso que escolhemos representar este processo de uma forma circular. Isto porque a materialização de cada etapa pode levar a uma revisão das anteriores e influenciar directamente as seguintes.

. Abordagem de formulação de problemas

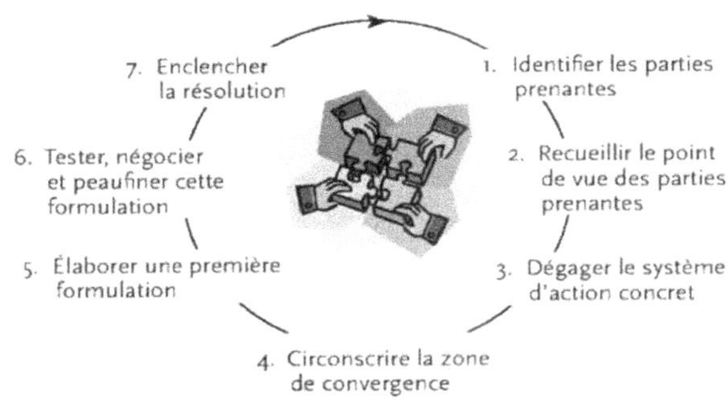

As três primeiras etapas são realizadas utilizando o método dos sistemas flexíveis, bem como a sociologia da tradução. A quarta etapa, que é decisiva para a formulação do problema, utiliza a síntese de Alexandre.

VI.1. IDENTIFICAR AS PARTES INTERESSADAS

É agora claro que não podemos negligenciar os actores, indivíduos ou grupos, directamente envolvidos no processo de formulação de problemas organizacionais complexos (Gaulejac, 1988). A sua identificação é, portanto, essencial para saber quem pode agir sobre a situação problemática e como (Basadur et al., 1994). Se é um grupo, é importante assegurar que o(s) seu(s) porta-voz(s) seja(m) representativo(s). Para tal, como Landry e Banville (2002: 136) sugerem, basta perguntar primeiro: "Quem, entre os actores ou grupos organizacionais do ambiente da organização, pode afectar ou ser afectado pela forma como o problema é enquadrado e resolvido? Depois, para nos concentrarmos nos mais importantes, "Quais deles são os intervenientes estratégicos?". Estratégicos, no sentido de que seria difícil resolver o problema sem a sua cooperação. Esta actividade é bastante fácil de realizar se a pessoa responsável pelo processo de formulação estiver dentro da organização. Contudo, devem ter o cuidado de não se limitarem aos actores com os quais têm uma boa relação ou que são seus aliados naturais. Eric dá um bom exemplo ao dar-se ao trabalho não só de se encontrar com representantes sindicais, mas também com todos os seus empregados. Se estiver envolvido um consultor externo, então a tarefa é mais delicada. Conhecer os vários documentos e o ponto de vista da pessoa que lhe conferiu o mandato relativamente à situação problemática é um bom começo. Uma lista inicial de interessados na situação problemática surgirá. É óbvio que esta lista pode ser modificada ao longo das outras etapas, especialmente a seguinte em que as pessoas reunidas devem ser questionadas sobre este assunto.Embora isto possa parecer relativamente simples de fazer, o resultado é crucial para o sucesso do processo. Tal como no exemplo do declínio da produtividade, a não inclusão da associação profissional na lista de partes interessadas poderia muito bem levar a um fracasso na resolução desta situação problemática.

VI.2. RECOLHER OS PONTOS DE VISTA DAS PARTES INTERESSADAS

O objectivo desta actividade é identificar a posição, percepções e questões de cada parte interessada em relação à situação problemática. Como é que eles vêem o problema e os objectivos da intervenção? Que representação seria suficientemente legítima aos seus olhos para obter o seu apoio para a resolução ou, no mínimo, para evitar uma oposição sistemática (Landry e Banville, 2002: 136)? Mais uma vez, se for um grupo, é essencial assegurar que o(s) seu(s) porta-voz(s) reflicta(m) o ponto de vista da maioria. O objectivo é realçar todas as dimensões e concepções, estabelecer a história do problema, prestando especial atenção às controvérsias que dizem respeito ao conteúdo e significado dos factos. Todos os pontos de vista devem, portanto, ser tidos em conta, quaisquer que sejam as suas diferenças ou mesmo contradições. Todos os pensamentos divergentes devem ser recebidos e tratados com igual atenção (Amblard et al., 2005). De facto, um exemplo concreto do produto acabado que queremos dar forma é o texto apresentado no primeiro capítulo sobre a situação problemática do declínio da produtividade observada entre os profissionais. Para o fazer, são necessárias as competências de um investigador que evite pressupostos e examine a situação do maior número possível de pontos de vista diferentes, ouvindo e aceitando activamente todas as versões que lhe são apresentadas. Ele faz todos os esforços para aprofundar, mesmo quando parece que todos os factos já foram encontrados, expandindo ou contraindo o problema para ver tanto a árvore como a floresta. Ele nunca se envergonha de fazer perguntas ou sub-questões para melhor compreender a situação problemática. Alguns problemas podem mascarar outros, e os sintomas e problemas devem ser cuidadosamente desenredados (Basadur et al., 1994). Além disso, com base no princípio de que cada problema organizacional complexo é absolutamente único, apesar de certas semelhanças que são sempre possíveis, não existe nenhuma categoria ou princípios gerais de resolução. Assim, parte da arte de lidar com problemas organizacionais complexos é resistir à tentação de identificar demasiado cedo o tipo de solução que se poderia aplicar (Rittel e Weber, 1973). No mesmo sentido, devemos ter o cuidado de notar que os actores nunca estão sem ideias para soluções, ao passo que muitas vezes têm muito mais dificuldade em definir o problema (Friedberg, 1994). Além disso, eles tendem sempre a situar o problema a um nível hierárquico superior ao deles próprios. Por exemplo, se perguntar a um chefe de polícia quais são os problemas no seu departamento, ele provavelmente dirá que precisa de melhor equipamento, melhor formação, etc. (Rittel & Weber, 1973). Como a sociologia da tradução prescreve, é também imperativo evitar cortar a situação problemática em fatias, porque para reconstituir a **rede4** que lhe está subjacente, é necessário ligar todas as entidades e eventos que participam na mesma. É seguindo o seu caminho que podemos perceber do que se trata. É assim possível recriar os processos dos quais provêm os factos.20 Nesta procura de sentido, devemos dar tanta importância aos objectos envolvidos no problema como aos actores, por exemplo, a convenção colectiva e os ficheiros em relação à queda de produtividade. Como mencionado anteriormente, estes são investidos de uma função, de um papel, o que os torna figuras animadas indispensáveis. Neste sentido, o carácter humano versus não humano não é uma razão relevante para optar por não os ter em conta. É essencial olhar e compreender a interdependência entre humanos e não-humanos (Amblard et al., 2005). É também necessário tratar o fracasso ou o sucesso nos mesmos termos, sem julgamento. É importante cingir-se à descrição dos factos, sendo as suas interpretações retiradas das propostas pelas pessoas envolvidas e que podem ser lidas nas suas reacções, explicações e justificações. Estas últimas são as mais ricas para determinar e compreender a estruturação e o funcionamento do sistema (Amblard et al., 2005). É fácil ver que a entrevista semi-estruturada é a técnica mais adequada aos objectivos desta reunião de partes interessadas. Deve ser cuidadosamente preparada, particularmente através da análise de todos os documentos existentes sobre as suas respectivas posições em relação ao problema, de modo a poder validar a sua compreensão. É igualmente importante elaborar um esboço para assegurar um certo rigor na condução de cada entrevista e, sobretudo, na análise do conjunto. Um diagrama é sugerido no apêndice. É claro que pode e deve ser adaptado ao problema a ser formulado. Tendo acumulado uma quantidade significativa de dados sobre a situação problemática, chegou o momento de o analisar, a fim de compreender a estruturação do terreno.

VI.3. IDENTIFICAR O SISTEMA CONCRETO DE ACÇÃO

Trata-se aqui de trabalhar sobre o que une e separa os actores em relação uns aos outros no que diz respeito à situação problemática. Assim, o contentor, a rede descoberta no passo anterior, e o conteúdo, os factos, são de igual importância. A dialéctica entre os dois deve ser utilizada para compreender as respectivas posições dos actores, as suas fontes de poder, as suas apostas e as dinâmicas que os ligam (Amblard et al., 2005; Basadur et al., 1994). Um exemplo do resultado visado por esta actividade pode ser visto no final do capítulo anterior, onde é apresentado o quadro de dados sobre o sistema de acção concreta relacionado com a queda de 43% na produtividade dos profissionais.A partir deste conhecimento bastante profundo adquirido em relação à situação problemática, é possível avançar para a formulação do problema passando à fase seguinte de delimitação das convergências.

VI.4. PARA CIRCUNSCREVER A ZONA DE CONVERGÊNCIA

É evidente que qualquer acção ou intenção que vá no sentido de tentar fazer desaparecer as questões específicas de cada actor levaria, sem dúvida, ao fracasso do processo de formulação do problema. Assim, nunca na presente actividade se deve tentar, ou mesmo considerar, negar a especificidade da posição do actor ou fazê-lo renunciar a ela. É essencial trabalhar em semelhanças, traduzir a posição e as questões de cada actor em termos de convergência no que diz respeito ao problema (Amblard et al., 2005). O objectivo é definir uma zona de elementos da situação problemática comum ao maior número de partes interessadas.De acordo com a metodologia de Alexander, em primeiro lugar, utilizando o pensamento analítico, as várias ideias que emergem da recolha de dados sobre a situação problemática devem ser enumeradas. Estas ideias podem ser identificadas na descrição da situação dada no Capítulo 1 e são enumeradas no Quadro 3. Depois, como a segunda etapa do método prevê, utilizando o pensamento sintético, estas diferentes ideias devem ser examinadas para ver se existem ligações entre algumas delas e se surgem clusters. Desta forma, a rede destas ideias pode ser desenhada, como se pode ver no Gráfico 6. As linhas mostram as ligações estabelecidas entre as diferentes ideias. Ao fazê-lo, quatro aglomerados emergem e são representados pelos nós: "função de chefe de equipa", "disponibilidade de ficheiros", "protecção profissional" e "tarefas relacionadas".

Quadro 3 As ideias expressas pelas partes interessadas relativamente ao problema da linha da frente na produtividade dos profissionais

Eric,proprietário do problema Práticas práticas profissionais ineficazes	Hubert, Finanças Director não membro da ordem Falta de aumento injustificado do número de profissionais
Claire, Incompetência do ramo no exercício do direito de Falta de legitimidade do ex-Director para avaliar e rever as práticas Influência dominante das normas prescritas pelo Colégio	Sylvie, Sistemas de Informação Cada vez mais ficheiros para tratar Complexidade do conteúdo dos ficheiros Circulação incómoda de ficheiros Outras direcções que gerem ficheiros Fotocópias de ficheiros
Christiane, Administração Falta de colaboração dos profissionais no controlo dos ficheirosIntegridade e confidencialidade dos registos Requisição de registos não completosAtrasos mais longos para os profissionais terem os ficheiros em mãosRelação que tem sido difícil entre as duas direcções	Jean-Claude, Recursos Humanos Permanência concedida no acordo colectivoPoderofUnion desafiando e resistindo à mudança Deficiência do controlo de gestão Formação de líderes de equipa gasta tempo em tarefas administrativas e de supervisão Ênfase no controlo de qualidade Desafios acrescidos
Madeleine, Controlos de Qualidade Dar prioridade aos controlos de qualidadeIntensificar Assegurar a versatilidade dos profissionais	
Representantes do Sindicato Falta de liderança, ramo e director de departamento que não seja membro do Colégio Aumento das normas e procedimentos administrativos Fluxo lento dos ficheiros Aumento da complexidade das intervenções a fazer com	Profissionais A qualidade dos serviços a prestar Demasiados gestores Demasiadas regras administrativas Demasiadas estatísticas para fornecer Profissionais nomeados como chefes de equipa Tratar menos casos de clientes Exigência de ordem profissional Novas práticas estabelecidas pela ordem Deficiência de práticas Aumento significativo das cargas de processos
dos clientes	Demasiadas tarefas não relacionadas com a perícia
Increaseabsenteeismà	Managementoffilesmoredemanding
a longo prazo	Dovalidateditsinterventions
Burnoutburnout	Medo de desafios
Primazia das disposições do	
convenção colectiva	

Gráfico. A rede de ideias

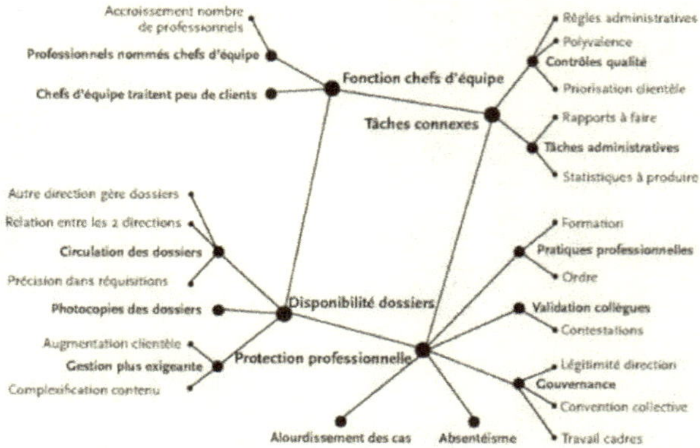

Subsequentemente, as ideias que pertencem a cada grupo estão listadas no Quadro 4. Dito isto, é de notar que, apesar do pequeno número de ideias, o Gráfico 6 é relativamente complexo. É por isso que se torna obrigatório utilizar um software de processamento assim que este número aumenta. Além disso, a selecção de ideias que estão ligadas e a definição de clusters são bastante complexas.subjectivas, como Alexander tão correctamente assinala. É uma questão de ver as ideias que tocam no mesmo elemento de conhecimento da situação problemática e, sobretudo, as que são partilhadas ou partilháveis pelos interessados, uma vez que se trata de determinar a zona de convergência.

Quadro 4 Composição de agrupamentos de ideias

Função dos líderes Vários profissionais são nomeados como líderes de equipa (Profissionais) Aumento do número de profissionais (Hubert) Os líderes de equipa já quase não lidam com clientes (Jean-Claude, profissionais)
Disponibilidade deCirculação de ficheiros demasiado lenta (Sylvie, união) Outra direcção tem a custódia dos ficheiros (Sylvie, Christiane) Dificuldade na relação entre as duas direcções (Christiane) Falta de precisão nas requisições (Christiane) Profissionais copiam os ficheiros para os manter no seu escritório (Sylvie) Gestão de ficheiros (Profissionais) cada vez mais exigente da clientela (Profissionais) Aumento da complexidade do conteúdo do ficheiro (Sylvie)
Tarefas relacionadas com a ênfase no controlo de qualidade (Jean-Claude, Madeleine, profissionais) Muitas regras administrativas (União, profissionais) Priorização do serviço ao cliente (Madeleine, profissionais) Aumento do rigor e versatilidade no acompanhamento dos processos (Madeleine) Execução de muitas tarefas não relacionadas com a perícia profissional Demasiados relatórios para produzir (União, profissionais) Demasiadas estatísticas para produzir (Profissionais)
Profissional de protecção Fardo dos processos (União, profissionais)práticas(Éric) Ordem profissional que supervisiona as regras e normas de prática (Claire, Jean-Claude, profissionais) Formação (Jean-Claude, profissionais) Validação das intervenções com colegas (profissionais) Aumento das queixas dos clientes (Jean-Claude, profissionais) Governação Falta de liderança na gestão geral e gestão do departamento que dura (Claire,Hubert, sindicato) Disposições da convenção colectiva (Jean-Claude, sindicato) de gerentes (Jean-Claude, profissionais) Absentismo, especialmente a longo prazo (Sindicato)

Assim, no que diz respeito ao problema da diminuição da produtividade, a falta de autoridade ou o não exercício do direito de gestão expresso pelo director-geral não poderia fazer parte da zona de convergência. Na realidade, isto estaria em conflito directo com a posição dos profissionais, do sindicato e mesmo do Director de Recursos Humanos, que tem paz industrial e respeito pelo acordo colectivo em jogo. O mesmo seria válido para a directora de sistemas de informação, que seria obrigada a abandonar o seu projecto para assegurar o desenvolvimento tecnológico da organização. O mesmo seria válido se analisássemos as ideias apresentadas pela Directora de Finanças. A negligência na liderança que resultou, segundo ele, num aumento injustificado do número de profissionais obrigaria ainda vários actores a desistir das suas questões, tais como profissionais, representantes sindicais, o director de sistemas de informação, o director de recursos humanos, etc.Por outro lado, nenhum dos quatro clusters, que foram identificados como zona de convergência mostrada no gráfico, obriga qualquer actor a desistir da sua própria posição, fontes de poder ou questões. Evidentemente, o conteúdo desta zona de convergência não faz qualquer menção à falta de autoridade salientada pelo director-geral, nem ao aumento indevido do número de profissionais mencionado pelo director das finanças, nem à informatização dos ficheiros mencionados pelo director dos sistemas de informação, nem à necessidade de questionar os controlos de qualidade como pretende o director dos recursos humanos, nem à utilidade de os acrescentar de acordo com o director dos controlos de qualidade, etc. Contudo, os elementos aí encontrados não confrontam nenhuma destas posições, nem forçam nenhum destes actores a abandonar as suas participações nesta questão. É neste sentido que podemos falar de elementos que podem ser aceites e partilhados pelos actores, sem serem directa e explicitamente incluídos na sua posição específica.

Gráfico. A zona de convergência

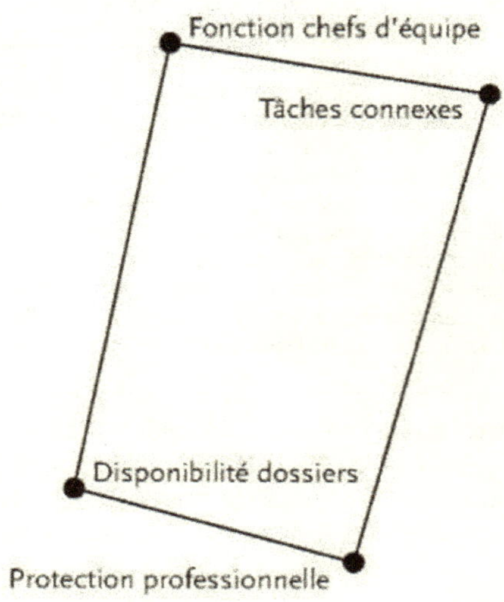

De facto, para eles, estes são objectivos intermédios que podem fazer parte da prossecução dos seus interesses, sem se juntarem imediata, directa e completamente a eles. A sociologia da tradução diria que é uma questão de fazer um desvio na sua trajectória que não implica de forma alguma o abandono por cada um deles das questões que lhes são próprias. Estes objectivos intermédios permitem assim avançar para a constituição de uma rede, causa comum necessária para a resolução bem sucedida do problema (Amblard & al., 2005). Para concluir, é importante notar que estes quatro pólos de convergência são expressos de uma forma positiva e não conflituosa, sem juízos de valor. Se tivesse havido alguma menção de posições de líder de equipa a serem questionadas, estes actores teriam sido defensivos. O mesmo teria acontecido se tivessem sido mencionadas deficiências na disponibilidade dos ficheiros, colocando imediatamente o Director da Administração na linha da frente. Para ser estratégico, há sempre que visar uma declaração neutra e factual. A partir destes quatro elementos de convergência, é agora possível trabalhar numa primeira formulação do problema.

VI.6. DESENVOLVER UMA FORMULAÇÃO INICIAL DO PROBLEMA

Antes de mais, deve dizer-se que existe frequentemente mais do que uma boa formulação de um problema. Quanto mais complexa for a situação problemática, mais possibilidades se abrirá para elaborar diferentes representações da mesma. A fim de avaliar qual seria a mais útil, é preciso julgar tanto a sua forma como a sua base empírica. A forma é a forma como está estruturada e disposta num todo coerente, demonstrando o seu potencial em termos da extensão do consenso que é susceptível de gerar entre as partes interessadas e o ângulo que proporciona para uma resolução eficaz. A base é o grau de reconhecimento das partes interessadas no terreno. A formulação deve emergir completamente da concepção do problema e é por isso que é importante realizar cuidadosamente as duas primeiras actividades do processo (Basadur et al., 1994; Landry e Banville, 2002; Rittel e Webber, 1973). Quanto à formulação, uma formulação muito ampla e geral geraria facilmente um grande consenso, mas afastar-se-ia da identificação de uma via clara e precisa de resolução. Pelo contrário, uma formulação demasiado específica, tão próxima de uma solução particular, correria o risco de se distanciar do consenso necessário e de abordar apenas um sintoma e não o problema em si (Rittel e Webber, 1973). Deve ser procurado um equilíbrio entre estes dois extremos. Também aqui, mais uma vez, é importante utilizar um estilo de escrita neutro e factual, evitando termos e frases de confronto. Uma boa maneira de alcançar este equilíbrio é trabalhar no sentido de afirmar o que poderia ser feito para tornar a situação problemática mais satisfatória. Esta forma leva os actores a projectarem-se nesta situação satisfatória e, consequentemente, a estarem abertos à direcção da resolução proposta para a alcançar. O tom positivo e optimista, ao visar uma situação melhor, permite uma representação do problema que não exige que nenhum interveniente renuncie à sua própria racionalidade (Basadur et al., 1994; Tversky e Kahneman, 1974).Basadur, Ellspermann e Evans (1994) sugerem uma forma simples e eficaz de chegar a uma tal formulação. É para responder às três perguntas: "Como? Porquê? O que é que nos impede"? O "como" com o tempo condicional conduz a uma situação mais satisfatória e assinala uma

recepção não avaliativa de todas as opções apresentadas para enfrentar o desafio que representa. O "porquê" que queremos alcançar esta situação ajuda-nos a melhor circunscrever o problema e, finalmente, o "o que nos impede de o alcançar" faz emergir os sub-problemas relacionados com a situação problemática. É uma questão de formular o problema relacionado com a situação preocupante em que uma proporção crescente do produto X apresenta um defeito de fabrico. O "como" torna-se então: "Como poderíamos ter menos do produto X que tem um defeito de fabrico?" O "porquê" torna-se: "Porque queremos ter menos produto X que tenha um defeito de fabrico?". A resposta é porque os clientes não estão satisfeitos com eles e estão a devolver-nos cada vez mais deles. Depois vem a pergunta: "O que nos impede de ter menos produto X que tenha um defeito de fabrico?". A resposta é porque os empregados têm um prémio sobre a quantidade, e não sobre a qualidade, do produto X que está a ser produzido. Claro que pode haver mais do que uma resposta para cada uma destas duas últimas perguntas. Ao tentar agrupar estas respostas, uma possível formulação seria: "Como podemos recompensar os nossos empregados tanto na qualidade como na quantidade do produto X produzido, para que os nossos clientes fiquem satisfeitos?" Para a situação problemática de declínio da produtividade, uma possível formulação seria a apresentada por Eric no início: "Como podemos aumentar a produtividade dos profissionais? Tal formulação geraria sem dúvida um amplo consenso entre as partes interessadas. Como diz o ditado: Todos são a favor da virtude. Mas é falho pelo facto de não apresentar uma via, ou mesmo uma direcção para uma solução. O provável acordo unânime que conseguiria, desmoronar-se-ia instantaneamente quando fossem apresentadas soluções ou formas de os profissionais aumentarem a sua produtividade.Para melhor definir um problema, é interessante perguntar por que razão queremos alcançar esta situação. Porque é que queremos que os profissionais aumentem a sua produtividade? Evidentemente, a resposta seria que tem havido um declínio na produtividade nos últimos cinco anos.
A formulação tornar-se-ia então :

Como poderíamos permitir que os profissionais regressassem ao nível de produtividade que tinham há cinco anos?

Mas, mais uma vez, não é oferecido nenhum caminho ou direcção para a resolução. Isto leva à importância de identificar os sub-problemas. Estes são frequentemente vias de solução e devem, portanto, estar ligados a uma formulação mais ampla. As questões a colocar são, então, as seguintes: "O que é que nos impede de o fazer? O que está a impedir os profissionais de aumentar a sua produtividade?". A resposta a estas perguntas é: "O que é que nos impede de o fazer?

- Que muitas vezes têm de esperar pelo ficheiro do cliente ou mesmo trabalhar sem ele;

• Que a função desempenhada pelos chefes de equipa significa que eles têm menos tempo
dedicar-se a servir os clientes;
• Que muitas das tarefas relacionadas que lhes são pedidas para fazer, lhes tiram tempo de servir os clientes;
• Que devem trabalhar arduamente para assegurar a sua protecção profissional à luz do potencial para reclamações de clientes e processos civis.

A utilidade da actividade anterior é imediatamente visível, uma vez que o conteúdo da zona de convergência a partir das diferentes perspectivas das partes interessadas é aqui encontrado. Obviamente, isto assegura que a formulação será apoiada empiricamente no terreno. Trata-se agora de tentar juntar estas quatro declarações para chegar a uma primeira erecção da formulação do problema. Como poderia ser melhorada a disponibilidade dos ficheiros, a função dos chefes de equipa, reduzir as tarefas relacionadas e melhorar a protecção dos profissionais... Esta é uma forma susceptível de suscitar um amplo consenso entre as partes interessadas, uma vez que não exige que nenhum deles desista da sua posição ou das suas questões específicas. Além disso, existem agora vias claras para resolver o problema do declínio da produtividade dos profissionais nos últimos cinco anos. Para assegurar que esta primeira formulação cumpra os critérios de forma e base empírica, as seguintes perguntas apresentadas por Landry e Banville (2002) devem ser respondidas positivamente:

1. É logicamente sustentável?
2. Baseia-se nos pontos de vista expressos pelos interessados?
3. Sugere alguma solução?
4. O gestor responsável pelo problema tem controlo sobre a realização destas soluções?
5. São estas soluções aplicáveis dentro dos limites de tempo e de recursos?
6. É provável que seja aceite pelos intervenientes estratégicos?
7. Aborda as objecções que qualquer uma destas partes os interessados teriam provavelmente?
8. Irá facilitar a comunicação e a negociação com os intervenientes estratégicos?
9. É modificável para acomodar o feedback das partes interessadas?

A resposta a estas diferentes questões é sempre sim em relação à primeira formulação apresentada para o problema do declínio da produtividade dos profissionais. Por conseguinte, é suficientemente bom ser posto à prova no terreno. Aqui, mais uma vez, podemos ver que a realização desta actividade exige mais arte do que ciência. É necessário escrever um texto meticulosamente, examiná-lo de acordo com os critérios de avaliação acima indicados, enriquecê-lo, modificá-lo, voltar a ele e recomeçar a sua validação. A actividade termina na maioria das vezes não com a garantia de ter atingido a perfeição, a formulação ideal, mas sim devido a constrangimentos externos, tais como falta de tempo, dinheiro ou paciência. Isto leva finalmente a dizer que esta primeira formulação é suficientemente boa, satisfatória, para ser submetida à argumentação dos interessados (Rittel e Weber, 1973). Para concluir, é essencial enfatizar que uma formulação nunca é teoricamente definitiva. É sempre possível aperfeiçoá-la para melhorar o seu efeito em termos da extensão do consenso que gera ou do progresso feito no sentido de resolver o problema que contém. Neste sentido, o passo seguinte torna-se essencial.

VI.7. TESTAR, NEGOCIAR E REFINAR ESTA FORMULAÇÃO

Todas as precauções tomadas durante a actividade anterior para desenvolver e validar a utilidade do conteúdo da primeira formulação não garantem a sua aceitação automática pelas partes interessadas. Não se garante que, aos olhos de cada um destes últimos, haja um melhor equilíbrio entre os seus interesses e os dos outros, de modo a não paralisar o processo de resolução (Landry e Banville, 2002). O seu valor final é aquele que é reconhecido por estes últimos. Deve falar com eles; devem reconhecer-se a si próprios no mesmo. Deve tornar-se comum a todos (Amblard et al., 2005; Friedberg, 1994). Consequentemente, é essencial consultar novamente os intervenientes para testar, negociar e modificar, se necessário, esta primeira formulação do problema. Individualmente, em subgrupos ou em grupos, devem ser realizadas reuniões com os interessados, com o objectivo de os informar e envolver. Para informação, trata-se de reafirmar os diferentes pontos de vista em relação à representação da situação problemática, insistindo ao mesmo tempo nas convergências. Assim, a qualidade dos resultados obtidos com a realização da terceira actividade é crucial para o sucesso destas reuniões. Desta forma, é possível mostrar que a posição de cada actor foi compreendida, mas também que todos podem ver a posição dos outros. É por isso que se fala em traduzir os diferentes pontos de vista. Sem esta tradução, não há compromissos possíveis; compromissos que estão no centro da primeira fase de construção da rede necessária para resolver eficazmente o problema (Amblard et al., 2005). Se a mensagem de cada pessoa não for traduzida, se não se tornar um problema para os outros, não tem qualquer hipótese de ser recebida.Após a transmissão desta informação, com base no conteúdo da primeira formulação, é essencial conduzir uma reflexão e levantar questões sobre as respectivas posições das partes interessadas. Devem ser criados espaços de discussão e negociação entre as partes interessadas, a fim de melhorar o conteúdo, se necessário, de modo a produzir uma convergência entre elas. O objectivo é fazer com que passem de uma posição singular e isolada para uma aceitação de cooperação. Por exemplo, para Madeleine, Directora de Controlo de Qualidade, a negociação poderia girar em torno do facto de a primeira redacção não apoiar directamente o aumento dos controlos de qualidade. Mas faz Isto não é uma questão nova, mas uma que exige que os profissionais dediquem mais tempo ao serviço dos seus clientes. Ao propor a melhoria da disponibilidade dos ficheiros como solução, isto também contribuirá directamente para uma melhor qualidade de serviço. Por outro lado, deve ser honestamente assinalado que esta formulação também se propõe examinar de que forma as tarefas conexas exigidas aos profissionais podem ser reduzidas, incluindo, evidentemente, as prescritas pela sua gestão.Para Christiane, a directora da administração, esta primeira formulação, ao aspirar a melhorar a disponibilidade de registos, responde à preocupação que ela expressou, "...de que os profissionais possam ter os registos de que necessitam em tempo útil". Mas, mais uma vez, ela deve também fazer com que esta revisão se estenda à possibilidade de colocar o conteúdo destes registos em formato electrónico, daí o seu interesse em estar envolvida na resolução da questão.Para Sylvie, a Directora de Sistemas de Informação, a redacção não aborda directamente a sua questão no que diz respeito ao desenvolvimento de computadores e à compra do pacote de software. Mas procurar formas de melhorar a disponibilidade dos registos implica necessariamente analisar esta sugestão.Quanto à Directora Executiva, é claro que o conteúdo da redacção não aborda directamente a sua posição sobre a situação problemática, nomeadamente uma falta de autoridade e fraqueza no exercício da administração. Mas os seus riscos em termos de desempenho organizacional e especialmente de contenção orçamental serão cumpridos se a resolução do problema conduzir, como deveria, a um regresso a níveis mais elevados de produtividade profissional. Além disso, a iniciação de Eric neste processo de formulação e a resolução bem sucedida do problema irá abordar as suas outras duas questões de defesa da hierarquia e de justificação da sua própria contratação. Para os profissionais, o conteúdo da formulação aborda questões relacionadas com a sua carga de trabalho, a qualidade da sua intervenção e avaliação (protecção profissional). Contudo, o sucesso da resolução pode resultar na necessidade de menos profissionais e, se isto se confirmar, terá de ser encontrada uma forma de proceder que não resulte em despedimentos.O comentário poderia continuar para cada um dos outros intervenientes na questão do declínio da produtividade entre os profissionais. Evidentemente, é difícil representar aqui a interacção no centro destas discussões entre as partes interessadas. Após validar a primeira formulação do problema no terreno e modificá-lo, se necessário, a última actividade relativa à resolução pode ser iniciada.

VI.8. INICIAR A RESOLUÇÃO

Já foi salientado que o processo de formulação do problema é o mesmo que o de resolução do mesmo. Isto pode agora ser plenamente apreciado, examinando a formulação do problema de produtividade decrescente entre os profissionais. Identifica quatro vias bastante específicas e específicas para a solução: melhorar a acessibilidade aos registos; rever a função dos chefes de equipa; reduzir as tarefas acessórias; e melhorar a protecção do emprego. Também define claramente o objectivo: aumentar a proporção de tempo gasto ao serviço dos clientes, o que explica porque é que a descrição desta última actividade relacionada com a resolução é a mais curta. É porque é simplesmente uma questão de planear para alcançar estas quatro vias de solução. É também muito importante mencionar que é fundamental que o envolvimento directo dos actores estratégicos continue a trabalhar em conjunto para assegurar a manutenção e o desenvolvimento da rede construída pelas actividades anteriores. Cada actor deve ter um papel e é essencial trabalhar para estabelecer, desenvolver e manter a confiança entre eles. Para tal, é necessária uma transparência completa e contínua, particularmente tornando públicas as acções empreendidas e os resultados obtidos, o que completa a apresentação deste método sugerido para formular e resolver de forma eficaz e eficiente problemas organizacionais complexos. Mais uma vez, é apropriado destacar os elementos cruciais a recordar neste capítulo antes de concluir este livro.

CONCLUSÃO GERAL

A gestão gosta de modelos, tipologias, matrizes ou cartografia que favorecem uma representação e categorização simplificada, mesmo unívoca, dos fenómenos organizacionais e da sua complexidade. Por vezes difusos, muitas vezes paradoxais, estes fenómenos são difíceis de compreender.Modelos e tipologias identificam então ideais típicos, que são conducentes à compreensão e explicação, porque permitem identificar e classificar fenómenos ou comportamentos cuja lógica e racionalidade escapam aos actores que são confrontados com eles. Iluminando a acção, fornecem alvos para liderar a mudança, permitem aos actores formular os seus problemas e segmentá-los para melhor os gerir. Em alguns casos, fornecem soluções "chave na mão" para facilitar a acção. A gestão das competências não é excepção a esta preocupação de modelização. Entre a utopia e a contingência, é construída sobre a análise e formalização das práticas emergentes nas empresas e os seus desafios. Dá origem a narrativas (as dos profissionais, as dos investigadores) que o nosso livro testemunha, e é depois elevado à categoria de artefacto. Este termo significa que se tornou uma construção autónoma, oferecendo uma solução para a identificação e resolução de múltiplos problemas, e por sua vez produzindo efeitos, tanto intencionais como não intencionais. Recrutar as pessoas certas não é suficiente. É necessário assegurar que os empregados sejam capazes de responder aos desafios do seu sector e de aproveitar as oportunidades. Conhecer bem os seus empregados é a condição sine qua non de uma boa gestão de competências. Saber avaliar o seu potencial, o seu desempenho, o seu grau de satisfação a fim de adaptar as suas competências e aspirações às necessidades da empresa.Neste sentido, o gestor directo desempenha um papel fundamental e pode pôr em prática algumas práticas simples: discutir, como equipa, as competências que faltam para cumprir os objectivos estabelecidos, depois determinar individualmente com cada empregado a competência que ele ou ela gostaria de desenvolver. O gestor pode então estabelecer um plano de acção adaptado, ou seja, trabalhar em pares com um empregado de outra equipa que tenha um bom domínio da competência em questão, ou um plano de formação. Muitas ideias adaptáveis e que poupam tempo podem também vir da própria equipa, desde que tenham a liberdade de partilhar a sua opinião e estejam dispostos a construir esta dinâmica com a hierarquia. A partir de agora, qualquer estratégia de gestão que queira ser eficaz deve ter em conta o facto de que o seu sucesso depende da forma como os recursos humanos são geridos. Desta forma, a gestão de competências torna-se um verdadeiro apoio à acção estratégica. Permite à empresa estabelecer a sua competitividade, criando uma vantagem competitiva sustentável (estratégias de domínio) e orientar os desenvolvimentos a prever (estratégia global). É desta forma que muitas PMEs podem implementar a estratégia de diferenciação e especialização que lhes permite desenvolver-se. A empresa que deseja ter acesso rápido a uma nova competência pode ter interesse em solicitar a uma empresa parceira no âmbito de um contrato de externalização. A figura seguinte resume a implementação da gestão de competências dentro de uma estrutura organizacional, que é a base do seu desenvolvimento integral.

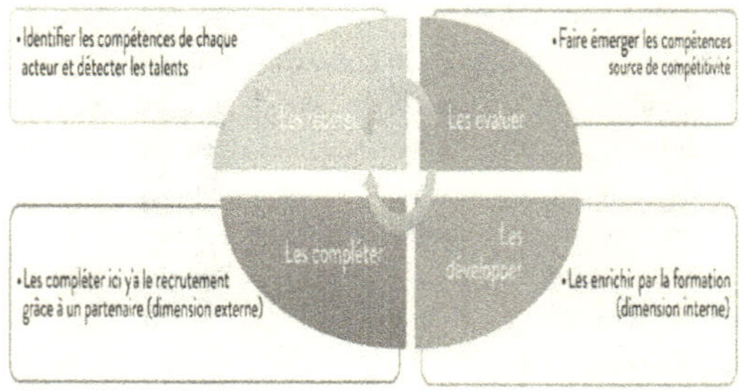

Os benefícios de uma gestão eficaz das competências, ainda ignorados por algumas empresas, são muito reais. Em primeiro lugar, em termos de retenção de talentos: um empregado que aprende, que tem formação e se sente em casa, é mais realizado e menos susceptível de mudar de empregador. O desafio da gestão de competências é encontrar a correspondência entre as competências exigidas pela empresa e as competências disponíveis no seu capital humano, a fim de conhecer e explorar o potencial das suas equipas.Outro trunfo importante é a correspondência das competências com as necessidades da empresa. Para alcançar os seus objectivos e implementar a sua estratégia, a empresa deve ter o know-how certo, no momento certo, no lugar certo. Isto nem sempre é fácil, dado que as necessidades estão a mudar muito rapidamente, com o aparecimento de novas profissões geradas pelas inovações digitais. No entanto, existem vários obstáculos à gestão de talentos, incluindo a falta de orçamento para implementar novos processos; recursos humanos e ferramentas insuficientes para avaliar e apoiar os talentos; falta de envolvimento dos gestores; e resistência à mudança.No final de uma análise que traçou as diferentes fases da sociologia e colocou as contribuições mais significativas, é necessário questionar tanto o contributo científico como prático desta abordagem. A espectacular extensão do trabalho e a heterogeneidade da investigação a ele associada tornam qualquer avaliação particularmente perigosa. Assim, uma avaliação global não pode ser feita de um único ponto de vista. Ligada ao desenvolvimento de grandes organizações, a sociologia a ela dedicada realçou a importância do fenómeno e explorou as suas inúmeras implicações humanas - individuais e colectivas. Também se debruçou sobre as soluções a trazer para as dificuldades de funcionamento, direcção ou gestão. Embora não haja dúvidas de que as sociedades contemporâneas ainda podem ser descritas como "sociedades organizacionais", é evidente que as transformações actuais, a globalização das trocas, o desenvolvimento de novas tecnologias e da ciência em geral, a reconsideração das configurações, tensões e conflitos nacionais e internacionais, sugerem outros rótulos que se referem, entre outros, a redes, comunidades, conhecimentos ou riscos. Nesta evolução, o estudo das organizações e da organização continua a ser um tema central das ciências humanas, mas o seu significado mudou consideravelmente. A sociologia das organizações, caracterizada por um conjunto coerente de noções e conceitos, já não evoca uma representação uniforme e monolítica do campo. É, de facto, a diversidade de temas, domínios, métodos, interpretações e aplicações que atrai a atenção. Não é um simples reflexo da multiplicidade do social, mas uma mudança no campo científico. Num contexto de redefinição de abordagens e disciplinas, esta tendência é reforçada. Sem levar a uma fragmentação do campo, favorece no entanto o estabelecimento de um verdadeiro ecletismo. A sociologia das organizações e a sociologia geral têm tido uma relação particularmente ambígua. A investigação sobre empresas, administrações e serviços proporcionou o conhecimento das organizações e do seu papel em processos sociais mais gerais. Mas a adopção de um ponto de vista especializado, frequentemente normativo, criou uma lacuna por vezes irredutível entre estas duas "sociologias". Em trabalhos recentes, a importância dada ao debate teórico parece indicar uma aproximação. A análise organizacional nasceu do encontro entre as preocupações de gestão dos líderes industriais e administrativos e as preocupações menos pragmáticas dos sociólogos, e ainda ostenta a marca desta dualidade. Um confronto permanente entre teoria, doutrina e prática provou ser, ao mesmo tempo e por sua vez, uma fonte de originalidade, enriquecimento mas também de ambivalência. É por isso que o pluralismo de opções e posições que resultou tem sido considerado por alguns como a expressão de uma abertura intelectual e estigmatizado por outros como a manifestação de um mal-entendido científico. Finalmente, a ligação entre o estudo das organizações e as práticas profissionais não pode ser ignorada. Os resultados da investigação organizacional são amplamente utilizados para formar gestores e empregados. Também lançam luz sobre as concepções dos consultores que intervêm nas empresas, bem como nas administrações e serviços. Ainda mais amplamente, certos conceitos tornaram-se ferramentas intelectuais comuns. A reflexão sobre a acção tem permanecido uma dimensão essencial deste campo de investigação, mas a importância da intervenção constitui um elemento de fragilidade. A contribuição da sociologia organizacional depende da sua capacidade de conciliar os imperativos da teoria e da observação da acção. Este equilíbrio, alcançado por uma orientação teórica e empírica simultânea, tem sido quebrado pelo formalismo do pensamento actual. O desafio científico da sociologia das organizações reside no início de um regresso à concretude.

A sociologia pertence ao campo das ciências humanas. A gerência é herdeira das ciências de gestão. Uma procura compreender a vida dos homens na sociedade, a outra participa na sua implementação nas organizações de trabalho. Apesar deste denominador comum, é raro que os dois termos se dêem bem. Os dois termos têm sido minados antecipadamente pela atmosfera ideologicamente carregada dos tempos, e tendem a olhar um para o outro como se estivessem em lados opostos da cerca. Este livro vai ajudar a limpar o campo!

A sociologia liga inextricavelmente o indivíduo e os indivíduos à sociedade que os ultrapassa e aos subconjuntos que ela contém (a empresa é um deles). Estes diferentes elementos retroagem, os efeitos que produzem uns sobre os outros são circulares. A complexidade e a incerteza devem ser aceites simultaneamente.

Este vigésimo primeiro (21º) livro explica como a sociologia procura compreender a natureza da relação entre o(s) homem(s) e a(s) sociedade(s), e como a gestão visa regulamentá-la. Este ponto de junção preferiria encorajar o recurso ao primeiro, a fim de facilitar o exercício do segundo. De facto, este exercício é por essência perigoso; para poupar enquanto se aproveita...

A sociologia da gestão deve melhorar a situação existente e, quando o caso surgir, resolver situações de conflito. Procura compreender o que pode dificultar a eficiência no trabalho ou produzir desconforto. Mas a honestidade intelectual exige que recusemos sistematicamente "soluções" prontas, produzidas sem ter em conta os contextos organizacionais que, uma vez implementadas, reproduzem ou deslocam os problemas em vez de os resolverem.

BIBLIOGRAFIA

I. TRABALHOS

1. AHIAZU A. I., (1983), "Influence culturelle su les relations professionnelles". Notes des lieux de travail haoussa et Ibo au Nigeria", Travail et société, vol. 8, n°2, pp.163-176.
2. BOLTANSKI L. & L. THÉVENOT (1991), De la Justification. Les économies de la grandeur, Paris, Éditions Gallimard.
3. BOULAGER G., La recherche en sciences sociales, éd. Universel, Paris, 1975
4. CHANLAT J.-F. et al (1990), L'Individu dans l'organisation, les dimensions esquecido, Laval, Éditions ESKA.
5. COURGEAU D. (2004), Du Groupe à l'individu. Synthèse multiniveaux, Paris, Publicado pelo Instituto Nacional Demográfico.
6. CROZIER M. (1970), La Société bloquée, Paris, Éditons du Seuil.
7. DE BOISSIEU, C., Dictionnaire des sciences économiques, PUF, Paris, 2000
8. DE PREE M. (1990), Diriger est un art, Paris, Éditions Rivages.
9. DUBAR C. (2000), La Socialisation. Construction des identités sociales et professionnelles, Paris, Éditions Armand Colin.
10. HELLRIEGELL D., SLOCUM J.W. & R.W. WOODMAN (2001), Gestão des organisations, Bruxelas, Éditions De Boeck.
11. HÉRITIER F. (1981), L'Exercice de la parenté, Paris, Éditions du Seuil.
12. HERNANDEZ E. M. (1997), Le Management des entreprises africaines, Paris,Éditions L'Harmattan.
13. IRIBARNE (D') P. (1990), "Face à l'impossible décentralisation des Empresas Africanas", Revue Française de Gestion, Setembro-Outubro.
14. KAMDEM E. (1996), "Nouveau regard sur les pratiques du management au Cameroun", in Organisation économique et cultures africaines : de l'homo homo situs, Paris, Éditions L'Harmattan.
15. KAMDEM E & M. ONGODO (2007), "Faits et méfaits de l'ethnicité dans les pratiques managériales en Afrique ", Revue Gestion 2000, vol. 24, n°1, pp. 33-58.
16. LÉVY-STRAUSS C. (1967), Les Structures élémentaires de la parenté, Paris, Éditions Mouton.
17. LEWIN K. (1975), Field Theory in Social Science, US/Mountain, Greenwood Press, MIT.
18. LIPPITT R. & R. WHITE (1978), "Une étude expérimentale du commandement et de la vie des groupes", in LEVY A., Psychologie sociale, tomo 1, Paris, Éditions Dunod.

19. MALEWSKA P. M. (1987), "The notion of identity and the strategies identitaires", Les amis de Sèvres, n° 1.

20. MARÇO J. & H. SIMON (1964), Les Organisations, Paris, Éditions Dunod.

21. MIAFFO D..-P. WARNIER(1993), "Acumulação e etosde notoriedade chezlesBamiléké, inPeter GESCHIERE P& P. KONINGS, Itinérairesd' acumulation auCameroun, Paris, Éditions Karthala e Africa-studie centrum Postsbus Leiden.

22. MINTZBERG H. (1984), Le Manager au quotidien. Les dix rôles du cadre, Paris,Les Éditions d'Organisation.

23. MORIN E. (1996), Les Psychologies au travail, Montréal, Gaétan Morin éditeur.

24. NACHI M. (2006), Introduction à la sociologie pragmatique. Vers un nouveau style sociologique, Paris, Éditions Armand Colin.

25. OBERSON B. (2007), Social theories and the analysis of society: theories of agreement and regulation, Bachelor's course.

26. SAINSAULIEU R. (1977), Les Identités au travail, Paris, Presses de Sciences po.

27. SAINSAULIEU R. & F. PIOTET (1994), Méthodes pour une sociologie de l'entreprise, Paris, Presses de Sciences Po.

28. SPERBER D. (1992), Le Savoir des anthropologues, Paris, Éditions Hermann.

29. TABOADA-LEONETTI I. (1990), "Stratégies identitaires et minorités", in CAMILLERI C. et al, Stratégies identitaires, Paris, Presses universitaires de France.

30. VARELA F. J., THOMPSON E. & E. ROSH (1991), The Embodied Mind , MIT Press; trans. fr. V. Havelange, L'Inscription corporelle de l'esprit, Paris, Éditions du Seuil, 1993.

31. WARNIER J. P. (1993), L'Esprit d'entreprise au Cameroun, Paris, Éditions Karthala.

32. JOWARD KERDOUDI, Países em desenvolvimento, as grandes vítimas da crise, The Potarian, Agosto de 2009

34 - KENWAY P., "crises", o novo Palgrave, 1987

35 - MOHAMED BENHAMMOU, O impacto da crise económica internacional

36. sobre o desenvolvimento económico e social em África, Tânger, Novembro de 2009 37.

Découverte, colecção REPERES, Paris

38 - MIRIAM MANNAK, O desemprego aumenta à medida que a crise global atinge a indústria mineira, IPS, Lubumbashi, 2009

39. **S., Batal C.** (eds.), Révolution du management des ressources humaines. Des compétences aux capabilités, Éditions du Septentrion, 2016.

40. **Dietrich A., Weppe X.,** " Crowdsourcing et GRH. Déni ou réenchantement du travail?", Revue française de gestion, no 258, Junho/Julho de 2016, pp. 123-

140.
41. **Dujarier M.-A.,** Le travail du consommateur. Como co-produzimos o que compramos, La Découverte, 2014, 2ª edição.
42. **Fournier C., Lambert M., Marion-Vernoux I.**, "Le travail au ceuur des apprentissages en entreprise ", Bref Céreq, no 352, 2017.
43. **Gomez P.-Y.,** Le travail invisible. Enquête sur une disparition, Éditions François Bourin, 2013.
44. **Zarifian P.,** Le modèle de la compétence, Éditions d'Organisation, 2001.
45. **Argyris, C., & Schön, D.** (1996). Aprendizagem organizacional. Teoria, método, prática. Bruxelas: Universidade De Boeck (tradução francesa, 2002).
46. **Aubret, J., Gilbert, P., & Pigeyre, F.** (1993). Savoir et pouvoir : les compétences en question. Paris : PUF.
47. **Bastien, C. (1984).** Reorganização e construção de esquemas na resolução de problemas. Psychologie Française, 29(3-4), 243-246.
48. **Beckers, J. (2002).** Desenvolver e avaliar competências na escola: Rumo a mais eficiência e equidade. Bruxelas: Trabalho.
49. **Behrens, M. (2011).** Transformações na organização escolar: um regresso à qualidade de ensino. Revue Française de Pédagogie, 174, 71-90. DOI: 10.4000/rfp.2694
50. **Bellier, S. (1999b).** La compétence. Em P. Carré. & P. Caspar (Eds.), Traité des sciences et des techniques de la formation (pp. 223-244). Paris : Dunod.
51. **Boutin, G. (2004).** A abordagem baseada na competência na educação: uma amálgama paradigmática. Connexions, 1(81), 25-41.
52. Bulea-Bronckart, E., & Bronckart, J.-P. (2005). Para uma abordagem dinâmica das competências linguísticas. Em J.P. Bronckart, E. Bulea-Bronckart, & M. Pouliot (Eds.), Rethinking language teaching: How to identify and exploit competencies (pp. 193-227). Lille : Presses du Septentrion.
53. Cahour, B. (2006). Afecto em situações de interacção cooperativa: uma proposta metodológica. Le Travail Humain, 69(4), 379-400. DOI : 10.3917/th.694.0379
54. Callahan, R. E. (1962). A Educação e o Culto da Eficiência. Chicago: The UniversityofChicagoPress. DOI: 10.7208/chicago/9780226216904.001.0001
55. Carette, V. (2007). As implicações da noção de competência sobre avaliação. Educação-Formação, e-286, 51-61.
56. Cellérier, G. (1979). Estruturas cognitivas e padrões de acção II. Archives de Psychologie, 47(181), 107-122.
57. Chanal, V. (2000). Comunidades de prática e gestão baseada em projectos: Uma discussão de Wenger (1998). Comunidades de Prática: Aprendizagem, Significado e Identidade. M@n@gement, 3(1), 1-30.
58. Charles-Pauvers, B., & Schieb-Bienfait, N. (2010). Análise da articulação das competências individuais, colectivas e estratégicas: propostas teóricas e

metodológicas.

59. **Chauvigné, C., & Coulet, J.C. (2010).** La démarche compétence : nouveau paradigme pour la pédagogie universitaire ? Revue Française de Pédagogie, 172, 15-28.

60. **Coágulo, Y. (1997).** Le réel à la source des compétences : l'exemple des maquinistas de comboios nos subúrbios de Paris. Connexions, 2, 181-192.

61. **Coulet, J.C. (2010a).** Mobilização e construção de experiência em Um modelo de competência. Trabalho e Aprendizagem, 6, 181-198.

62. **Coulet, J-C. (2010b).** La " référencialisation " des compétences à l'école, conceptions et mises en œuvre : des attendus aux malentendus. Recherche & Formation, 64, 47-62.

63. **Coulet, J.C. (2011).** O conceito de competência: um modelo para descrever, avaliar, e desenvolver competências. O trabalho humano, 74(1), 1-30.

64. **Coulet, J.-C. (2012).** Proposta de um modelo de análise dinâmica de competência psicológica. Comunicação oral. Les entretiens de la psychologie. Paris: Université Paris V, 21 de Abril.

65. **Coulet, J.-C. (2013).** Experiência e competência: da teoria à prática. Éducation Permanente, 197, 125-137.

66. **Coulet, J.-C. (2014a).** Conceptualização na actividade individual e colectiva. Implicações para o conhecimento e a gestão do conhecimento. RIPCO, 19(49), 135-158.

67. **Coulet, J.C. (2014b).** Desde as características da perícia até à gestão de competências individuais e colectivas. Management & Avenir, 1(67), 122-135.

68. **Crahay, M. (2006).** Perigos, incertezas e incompletude da lógica de competência na educação. Revue Française de Pédagogie, 154, 97-110. DOI : 10.4000/rfp.143

69. **Defélix, C. (2005).** Definição e reconhecimento das competências dos funcionários nas organizações: negociação invisível. Negociações, 2(4), 7-20. DOI : 10.3917/neg.004.0007

70. **Defélix, C.** (2010). Prefácio. In: C. Krohmer & S. Bretesché (Eds.). Fragiles compétences. Paris : Presses des Mines.

71. Dejours, C. (2012). Sofrimento no trabalho. Regards sur des concrets casts. Comprendre, prévenir, agir. Lyon : Chronique sociale.

72. Dejoux, C. (1998). Pour une approche transversale de la gestion des compétences. Gestion 2000, 15-31.

73. Dietrich, A. (2002). Os paradoxos da noção de competência em gestão de recursos humanos. Revue Sciences de Gestion, 33, 97-121.

74. Evequoz, G. (2003). Competências-chave: um dispositivo de avaliação e reconhecimento de competências-chave. Genebra: OOFOP.

75. Bacqué, Marie-Hélène, Henri Rey e Yves Sintomer. "La démocratie participative, un nouveau paradigme de l'action publique ?", Paris, La Découverte,

2006, p. 9-46.
76. Bernardi, Bruno. O que é uma decisão política? Paris, Vrin, 2013.
77. Blondiaux, Loïc. Le nouvel esprit de la démocratie : Actualité de la démocratie participative, Paris, Seuil (La république des idées), 2008.
78. Bohman, James & William Regh (eds.). Democracia Deliberativa. Essays on Reason and Politics, Cambridge (Mass.)/London, The MIT Press, 1999.
79. Bovens, Mark. "Analisar e Avaliar a Responsabilização: A Conceptual Framework", European Law Journal, 13 (4), 2007, pp. 447-468.
80. BURDEAU G, Droit constitutionnel et institutions politiques, Paris, LGDJ, 1980.
81. BURDEAU G., HAMON F., e TROPER M., Droit constitutionnel, Paris, LGDJ, 22ª edição, 1991.
82. CABANIS A e MARTIN M.L., Le constitutionnalisme de la troisième vague en Afrique francophone, Louvain-la-Neuve, Academia-Bruylant, 2010.
83. CABANNE J.C., Introduction à l'étude du Droit constitutionnel et de la science politique, Paris, Privat, 1981.
84. CADART(J), Instituições Políticas e Direito Constitucional, aris, LGDJ, 1979.
85. Cossart,Paula. Lemeeting política. de manifestação ladeliberationàla (1868-1939), Rennes, PUR, 2010.
86. Cristin, Olivier. Vox populi. A history of voting before universal suffrage, Paris, Seuil, 2014.
87. CHALVIDAN P.H. Droit constitutionnel, institutions et régimes politiques, Paris, Nathan, 2ª edição, 1996.
88. D. Branch, N. Cheeseman, e L. Gardner (eds.), Our Turn to Eat: Politics in Kenya Desde 1950, Berlim, LIT Verlag, 2010.
89. DEBBASCH Ch., PONTIER J.M., introdução à política, Paris, Dalloz, 3ª edição, 1991.
90. DJOLIESENG'EKELIJ , Droitconstitutionnel,Tome.1, lesprincipes structuraux, Kinshasa, EUA, 2012.
91. DUVERGER M. Institutions politiques et droit constitutionnel, Tomo 1, Paris, PUF, 1994.
92. DUHAMEL O., Droit constitutionnel et politique, Paris, éd. du Seuil, 1994.
93. EBOUA (S), interrogatórios sobre l'Afrique noire, Paris, l'harmattan, 1999.
94. ESAMBO KANGASHE J-L, Droit constitutionnel et institutions politiques, Bélgica, Academia l'harmattan, 2013.
95. ESAMBO KANGASHE, Droit électoral congolais, Louvain-la-Neuve, Academia, 2014.
96. ESAMBO KANGASHE, J,-L., la constitution congolaise du 18 février 2006 à l'épreuve du constitutionnalisme, contraintes pratiques et perspectives, Louvain-La neuve, Academia Bruylant, bibliothèque de droit Africain, 2010.
97. FOILLARD(P), Constitutional Lawetinstitutionspolitiques, Paris, paradigma; 2007-2008.

98. GAXIED, Representante para a Democracia, 2ª edição, Paris, Montchrestien, 1996.
99. GRAWITZ M., Methods of social sciences, Dalloz, Paris, 1977.
100. J.-F. Bayart, L'État en Afrique : la politique du ventre, Paris, Fayard, 1989.
101. KAMUKUNY MUKINAY (A), Contribution à l'étude de la fraude en droit constitutionnel congolais, Louvain-la-Neuve, Academia, 2011.
102. M. Gluckman, Politics, Law and Ritual in Tribal Societies, Londres, Aldine Publishing Company, 1965 (2006, 2ª ed.).
103. V. Darracq, "Jeux de pouvoir en Afrique : le Nigeria et l'Afrique du Sud face à la crise ivoirienne", Politique étrangère, vol. 76, n 2, Junho de 2011.
104. V. Darracq, "Dans le parti, dans le quartier : les branches locales de l'African National Congress (ANC)", Revue Tiers-Monde, vol. 4, n 196, 2008.
105. N. Cheeseman e B.-M. Tendi, "Power-sharing in Comparative Perspective" (Partilha de poder em perspectiva comparativa): The Dynamics of 'Unity Government' in Kenya and Zimbabwe", Journal of Modern African Studies, vol. 48, n 2, 2010.
106. V. Darracq, "Power Games in Africa": Nigéria e África du Sud face à la crise ivoirienne", op. cit., p. 1.
107. D. Darbon " Le pays de l'arc-en-ciel ", Hérodote, n 82-83, 1997.
108. P. Quantin, "La démocratie en Afrique à la recherche d'un modèle", Pouvoirs, n 129, 2002, p. 67. Note-se que a noção de um modelo híbrido é emprestada a Larry Diamond em "Elections Without Democracy": Thinking About Hybrid Regimes", Journal of Democracy, vol. 13, n 2, 2002, p. 21-35.
109. P. Braud (ed.), La Violence politique dans les démocraties européennes occidentales, Paris, L'Harmattan, 1993, p. 75-98.
110. M. Merino, "Controlo partidário no Quénia: A look at two campaignselectoral campaigns (November 2001 and December 2002)", Critique internationale, n 30, Janeiro-Março 2006, p. 177-.189.
111. J.-L. Briquet e F. Sawicki (eds.), Le Clientélisme politique dans les sociétés contemporaines, Paris, PUF, 1998.
112. Deloye, Yves e Olivier Ihl. L'acte de vote, Paris, Presses de Sciences Po, 2008.
113. Elster, Jon. "Argument and negotiation in two constituent assemblies", French Journal of Political Science, vol. 44, n° 2, 1994, p. 187-256.
114. Elster, Jon (ed.) Deliberative Democracy, Cambridge, Cambridge University Press, 1998.
115. Faucher, Florence e Colin Hay, "Voting Rituals in France and the United Kingdom", Revue française de science politique, vol. 65, no. 2, 2015, p. 213-236.
116. Gaxie, Daniel. "Cognitions, auto-empoderamento e poderes de

", Revue française de science politique, 57 (6), 2007, p. 737-757.
117. Girard, Charles. "Maioria na democracia: justiça ou verdade?", Razões políticas, não. 53, 2014, pp. 107-137.
118. Girard, Charles e Alice Le Goff (eds.). La démocratie délibérative. Antologia de textos fundamentais, recolhidos por C. Girard e A. Le Goff, Paris, Hermann, 2010.
119. Gonzalez-Ricoy Iñigo & Axel Gosseries (eds.). Institutions for Future Generations, Oxford University Press, a publicar em breve, 2017.
120. Goodin, Robert. "Enfranchising All Affected Interests, and Its Alternatives", Philosophy and Public Affairs,35 (1), 2007, pp. 40-68.
121. Guizot, François. 1826. "Elections" [Enciclopédia Progressiva, 1826], Discursos Académicos, Paris Didier, 1861.
122. Hansen, Mogens H. Athenian Democracy in the Age of Demosthenes. Estrutura, princípios e ideologia, trans. S. Bardet com a ajuda de Ph. Gauthier, Paris, Tallandier (Texto), 2009.
123. Lafont, Cristina. "Deliberação, Participação, e Legitimidade Democrática": Deverá o Deliberativo Mini-Públicos Moldar a Política Pública?", The Journal of Political Philosophy, vol. 23, no. 1, 2015, pp. 40-63.
124. Landemore, Helene. "Deliberation, Cognitive Diversity, and Democratic Inclusiveness": Um Argumento Epistémico para a Selecção Aleatória de Representantes". Synthese 190 (7), 2013, pp. 1209-1231.
125. Leydet, Dominique (ed.). La démocratie délibérative, Philosophiques, vol. 29, n° 2, 2002.
126. Lopez-Guerra, Claudio. Democracia e Despropriedade. The Morality of Electoral Exclusions, Oxford, Oxford University Press, 2014.
127. MacCormick, John P. Machiavellian Democracy, Cambridge University Press, 2011.
128. Mair, Peter. Ruling the Void: the Hollowing of Western Democracy, Londres, Verso, 2013.
129. Manin, Bernard. "General will or deliberation? Esquisse d'une théorie de la délibération politique", Le Débat, n° 33, 1985, p. 72- 93.
130. Manin, Bernard. Principes du gouvernement représentatif, Paris, Flammarion, 1995.
131. Manin, Bernard. "Como promover a deliberação democrática? Prioridade do debate contraditório ao debate", Razões Políticas, 42, 2011, pp. 83-113.
132. Mansbridge, Jane e.a. "The Place of Self-Interest and the Role of Power in Deliberative Democracy", The Journal of Political Philosophy, vol. 18, no. 1, 2010, pp. 64-100.
133. Marx, Karl. Crítica do Direito Político Hegeliano, Paris, Ed. Social, 1972.
134. Meyer, Norra. Sociologie des comportements politiques, Paris, A. Colin, 2010

135.Norris, Pippa. Fênix democrática: Reinvenção do Activismo Político. Nova Iorque: Imprensa da Universidade de Cambridge, 2002.
136.Papadopoulos, Yannis. "Accountability and Multi-level Governance": More Accountability, Less Democracy?", West European Politics, vol. 33, no. 5, 2010, pp. 1030-1049.
137.Thompson, Dennis F. Just Elections: Criação de um Processo Eleitoral Justo nos Estados Unidos. Chicago: Imprensa da Universidade de Chicago, 2002.
138.Urbinati, Nadia. Democracia Representativa: Princípios e Genealogia. Chicago: The University of Chicago Press, 2006.
139.Van Reybrouck, David. Contre les élections, Arles, Actes Sud, coll. "Babel/essay" (No. 1231), 2012.
140.Weale, Albert. Democracia, 2ª ed., Nova Iorque: Palgrave MacMillan, 2007.
141.White, Jonathan & Lea Ypi. "On Partisan Political Justification", American Political Science Review, 105/2, 2011, pp. 381-396.
142.M. Franklin, T. Mackie, H. Valen et al, Electoral Change. Responses to Evolving Social and Attitudinal Structures in Western Countries, Cambridge, Cambridge University Press, 1992.
143.Jean Dominique Lafay, em particular "La théorie probabiliste du vote", Revue d'Économie politique, 102, 1992, p. 487-518
144.G. Michelat, "A la recherche de la gauche et de la droite", in CEVIPOF, L'électeur français en questions, Paris, Presses de la FNSP, 1990, p. 71-103.
145.A pontuação média (de 7) varia de 1,9 para A. Laguiller a 6,2 para J.-M. Le Pen.
146.G. Michelat e M. Simon, Classe, religion et comportement politique, Paris, Éditions sociales, Presses de Sciences politiques, 1977.
147.Cf. N. Mayer, "Du communisme au Front national", L'Histoire, 195, Janeiro de 1996, p. 110-113, e P. Perrineau, "La dynamique du vote Le Pen : le poids du gaucho-lepénisme", in P. Perrineau et C. Ysmal, eds, Le vote de crise, Paris, Département d'Études politiques du Figaro et Presses de la FNSP, 1996, p. 243-263.
148.N. Mayer e E. Schweisguth, "Classe, position sociale et vote", in D. Gaxie, ed. in L'explication du vote, Paris, Presses de la FNSP, 1985, p. 263-290.
149.F. de Singly e C. Gens du public, gens du privé. La grande différence, Paris, Dunod, 1988; D. Boy e N. Mayer, "Secteur public contre secteur privé : un nouveau conflit de classe", in N. Mayer, ed. in Les modèles explicatifs du vote, op. cit., pp. 111-132.
150.P. Merle, "Is homo politicus a homo oeconomicus?", op. cit., p. cit.
151.P. Habert e A. Lancelot, "L'émergence d'un nouvel électeur", em Les élections législatives de 1988, op. cit

152.D. Boy and E. Dupoirier, "L'électeur est-il stratège ?", in CEVIPOF, L'électeur français en questions, op. cit., p. 175-196.
153.E. Deutsch, P. Weil e D. Lindon, Famílias políticas hoje em França, Paris, Minuit, 1966.

II. TESES E DISSERTAÇÕES

1. DJELO EMPENGE V., contribuição para o estudo das tendências Unitárias e Federalistas na evolução política e constitucional do Zaire, tese de doutoramento em Direito Público, Universidade de Liège, UNIKIN, 1976.
2. DJOLI ESENG'EKELI J., le constitutionnalisme africain entre la gestion des héritages et l'invention du futur, l'exemple congolais, Thèse de Doctorat en Droit public, Université de Paris1 Sorbonne, 2003.
3. DODZI KOKOROKO, "Contribution à l'étude de l'observation internationale des élections", tese de doutoramento, Poitiers, Universidade de Poitiers, 2005.
4. ESAMBO KANGASHE J-L, la République démocratique du Congo à l'épreuve de l'alternance au pouvoir, dissertação D.E.S en Droit public, UNIKIN, 2005.
5. HALLOL J-H., Processos eleitorais e transições democráticas na África Negra francófona, estudos de caso do Benim, Camarões, Gabão, Senegal e Togo, tese de doutoramento, 2008.
6. KALUBA DIBWA D., Du contentieux électoral en RDC, contribution à l'étude des fondements et les modalités d'exercice de la justice constitutionnelle, Thèse de Doctorat en Droit Public, Unikin, 2010.
7. MAZAMESO WELA, processos eleitorais na África Negra, tese de D.E.A. em Direito Público, Universidade de Lome, 2011.
8. NTUMBA MUSUKA (Z), le rôle du juge administratif congolais Dans l'émergence de l'Etat de Droit, Mémoire DES en Droit public, 2005.
9. ODIMULA LOFUNGUSO L., la justice constitutionnelle à l'épreuve de la juridicisation de la vie politique en Droit positif congolais, tese de doutoramento, 2013.

III. NOTAS DE CURSO

1. BOSHAB MABUJ (E), Notas de Palestra sobre Direito Constitucional, UNIKIN, 2009-2010

2. DJOLI ESENG'EKELI J., Droit constitutionnel congolais, Cours polycopiés, 2ème Graduat, Faculté de Droit, Unikin, Kinshasa, 2007.

3. KALUBA DIBWA D, Citizenship Education, Notas para estudantes de graduação, Faculdade de Direito, UNIKIN, 2014-2015.

4. MBATA MANGU A., Education à la citoyenneté, Manuel d'enseignement, Faculdade de Direito, UNIKIN, 2009.

5. MFUAMBA LOBO(J.C), Notes de cours de droit constitutionnel, Faculdade de Direito, UNIKIN, Kinshasa, 2012-2013.

6. NGONDA NKOY G. , Curso em liberdades civis, Faculdade de Direito, Unikin, 2013-2014.

7. ODIMULA LOFUNGUSO L., Eléments du cours d'évolution de droit public congolais, L1 mimeo course, Fac/Droit, UNIKIN, 2012-2013.

IV. DOCUMENTOS LEGAIS E REGULAMENTARES

1. Constituição da República Democrática do Congo de 18 de Fevereiro de 2006, alterada pela Lei n.° 11/002 de 11 de Janeiro de 2011 que revê alguns artigos da Constituição de 18 de Fevereiro de 2006, J.O. da República Democrática do Congo, n.° 52° ano especial.

2. a declaração universal dos direitos do homem e do cidadão de 1789

3. Constituição da República do Gana/ http:// www.acud.frAfrique

4. constituição da República da Libéria/ www.acud.frAfrique

5. Lei n° 04/002 de 15 de Março de 2004 sobre a organização e funcionamento dos partidos políticos, de 15 de Março de 2004/www.leganet.cd

6. Lei orgânica que altera e completa a lei n° 10/013 de 28 de Julho de 2010 sobre a organização e funcionamento da comissão eleitoral nacional independente da RDC/ www.leganet.cd.

7. Lei nº 11/003 de 25 de Junho de 2011 que altera a Lei nº 006/006 de 9 de Março de 2006 sobre a organização das eleições presidenciais, legislativas, provinciais, urbanas, municipais e locais, em J.O. da RDC, 51° Ano, 2011.

8.Lei n °2013-16 de 8 de Abril de 2013 sobre o código eleitoral da República do Benim/Over-blog.com

9. A lei N°014-2011/AN de 03 de Julho de 2011 sobre o código eleitoral tal como alterado e completado do Burkina Faso/www.ambaburkina-fr.org

10. Portaria N°2010-96 de 28 de Dezembro de 2010 sobre o código eleitoral do Níger/www.conseil-constitutionnel.fr

V. ARTIGOS DE REVISTA

1. EL Hadj Mbodj, Should we be afraid of the independence of electoral institutions in Africa, In revue d'étude et de recherche sur le droit et l'administration dans les annales d'Afrique.

2. Honoré K. GUIE, Les commissions électorales en Afrique de l'Ouest, em Débats. Courrier d'Afrique de l'Ouest, n° 11, Janeiro de 2004.

3. Jean du bois de Gaudusson, les élections à l'épreuve de l'Afrique, in Cahiers du conseil constitutionnel n°13/2002.

VI. OUTROS DOCUMENTOS

1. Enciclopédia Microsoft Encarta 2009.

2. A Carta Africana sobre Democracia, Eleições e Governação de 2007.

3. A Declaração de 2005 sobre o Princípio da Observação Eleitoral e o Código de Conduta para Observadores Eleitorais Internacionais.

4. Les élections libres, démocratiques et transparentes en RDC: Menaces ou opportunités, proceedings of the 19th scientific seminar, Faculty of Economics and Development, Faculdades Católicas de Kinshasa, Kinshasa 2004.

5. Protocolo da CEDEAO sobre Democracia e Boa Governação de 2001.

6. Relatório do Gabinete de Estudos Internacionais para a Paz e o Desenvolvimento: nova reestruturação da comissão eleitoral.

7. Relatório final do simpósio sobre eleições em África, melhores práticas e colaboração institucional, Accra-Ghana.

- CARTANAPIS André, A crise financeira, as suas causas, o seu curso, as suas consequências.
Quais são as lições? Dia de Estudo OFCE Paris, 12 de Fevereiro de 2009
- Entrevista com o Sr. Lionel ZINSOU Membro do Comité Executivo da PAI Partners undertheme:THE CONSEQUÊNCIASOFTHECRISISISISFINANCIAL CRISISIS INTERNACIONAL NA ÁFRICA OCIDENTAL-, entrevista do Sr. Laurent Bossard, Director Adjunto da SWAC 15 de Outubro de 2008

- TOUNA MANA, A crise financeira internacional e as suas consequências nas economias africanas, CONSÓRIO DE INVESTIGAÇÃO ECONÓMICA AFRICANA SENIOPOLICY SEMINAR XI, Faculdade de Economia e Gestão, Universidade de Yaoundé II, Camarões 06-08 de Abril de 2009.

- TOUNA MAMA, O impacto da crise global nos Camarões e a detecção de sinais de crise nas empresas, Seminário

ÍNDICE

PREFÁCIO 1

CAPÍTULO I. ANÁLISE DOS PROBLEMAS SOCIAIS..... 3

CAPÍTULO II. SÍNTESE GERAL DOS CONCEITOS-CHAVE 28

CAPÍTULO III. A COMPETÊNCIA COMO INDICADOR DE DESEMPENHO 52

CAPÍTULO IV GESTÃO E GESTÃO DOS RECURSOS HUMANOS.......... 84

CAPÍTULO V. O LUGAR DOS GESTORES NOS PROCESSOS DE RECURSOS HUMANOS.......... 98

CAPÍTULO VI. UM MÉTODO PARA A FORMULAÇÃO DE PROBLEMAS ORGANIZACIONAIS COMPLEXOS.......... 114

CONCLUSÃO GERAL.......... 129

BIBLIORÁFICO 133

CPSIA information can be obtained
at www.ICGtesting.com
Printed in the USA
LVHW040106210323
742063LV00001B/218

9 786205 695838